VOYAGE
A POMPÉI.

IMPRIMERIE DE COMYNET, A AVALLON.

VOYAGE
A POMPÉI,

PAR M. L'ABBÉ

DOMINIQUE ROMANELLI,

Conservateur de la Bibliothèque publique de Naples, et associé de plusieurs Academies.

TRADUIT DE L'ITALIEN POUR LA PREMIÈRE FOIS,

Par M. P***.

SUIVI D'UNE NOTICE SUR LA DÉCOUVERTE D'UN TEMPLE ROMAIN, EN 1822, A AVALLON, EN BOURGOGNE, AVEC LITHOGRAPHIES.

Res ardua, vetustis novitatem dare.
PLINE, *in præf. histor. nat.*

PARIS,

CHEZ HOUDAILLE ET VENIGER, LIBRAIRES,

RUE DU COQ SAINT-HONORÉ, N° 6.

ET CHEZ LES MARCHANDS DE NOUVEAUTÉS.

1829.

EXTRAIT

D'une Notice sur Pompéi, par M. de CHATEAUBRIAND.

Les fouilles de Pompéi sont d'un intérêt trop général, les découvertes qu'elles procurent sont trop précieuses, sous le rapport de l'histoire, de l'art et de la vie privée des anciens, pour qu'on laisse publier des relations niaises et erronées, sans avertir le public du peu de foi qu'elles méritent.

On trouve des renseignements précieux dans un livre que M. le Comte de Clarac, conservateur des antiques, publia étant à Naples; ce livre intitulé Pompéi, n'a été tiré qu'à un petit nombre d'exemplaires, et n'a pas été mis en vente. M. de Clarac y rend un compte très instructif de plusieurs fouilles qu'il a dirigées.

M. de CLARAC. — Fouille faite à Pompéi, le 18 mars 1813, page 83.

Je ne ferai pas de remarques sur cette inscription (il s'agissait d'une inscription trouvée dans le temple d'Isis à Pompéi); elles ont déjà été faites, et on peut en voir un extrait page 123 de l'ouvrage de M. l'abbé Romanelli, intitulé Voyage à Pompéi, qui est un bon guide pour les voyageurs ou amateurs qui visitent ces intéressantes ruines.

Le Spectateur de Milan, du 15 mai 1816, n° 52, dans sa partie italienne, page 39, s'exprime ainsi :

L'ouvrage intitulé : Voyage à Pompéi, *est une production nouvelle bien digne de la plume de son illustre auteur, l'abbé Romanelli. Cet excellent antiquaire a prouvé par de minutieuses recherches sur les monuments de notre vieille Italie, qu'il était savant aussi profond que littérateur éclairé.*

NOTICE PRÉLIMINAIRE

SUR POMPÉI,

ET SUR LA CATASTROPHE QUI A CAUSÉ SA DISPARITION.

Depuis l'époque de la deuxième édition faite à Naples en 1817, du Voyage de M. l'abbé Romanelli à Pompéi, dont nous offrons la traduction au public, les fouilles se continuent toujours dans cette cité merveilleuse par les soins de MM. Arditi et Bonuci, avec plus ou moins d'activité. On déblaie des rues, on vide des maisons qui offrent de grandes richesses en tableaux et en ustensiles employés dans la vie privée : mais toutes les principales découvertes étaient opérées quand l'abbé Romanelli a publié son ouvrage. Temple, forum, portes et murailles de la ville, affiches, tombeaux, fontaines, théâtres, cirques, etc., il avait tout visité, tout décrit, et son voyage présente seul un ensemble assez complet pour transporter le lecteur dans ce séjour de merveilles qu'il n'est pas donné à tous les amateurs de visiter.

Le sol sous lequel cette ville a été retrouvée n'est pas chargé de pierres volcaniques, ni de villages bâtis récemment comme l'est celui d'Herculanum. Composé de cendres du Vésuve, il est dominé par des vignes et des oliviers dont les racines, il y a déjà plus d'un siécle, ont atteint quelques monuments souterrains. Des éminences découvertes alors ont révélé la cité dans plusieurs de ses parties. La rivière de Sarno dite *Scafati* passe non loin de ses murailles. Elle était introduite autrefois dans la ville par un canal.

La situation de Pompéi est à cinq lieues de Naples, à son midi, et à trois mille de la mer. Suivant *Strabon* c'était une ville maritime. Un tremblement de terre en l'année 63 de J.-C., sous le règne de Néron, avait ébranlé, renversé même une partie de ses édifices. On vient de retrouver dans son sein, des inscriptions qui nous retracent honorablement les noms des citoyens généreux qui employaient leur fortune à restaurer les temples, les théâtres...... lorsque l'éruption du Vésuve qui eut lieu 16 ans après (à l'époque de la première année du règne de Titus), couvrit de cendres cette ville infortunée, dont le sort était sans doute de succomber, d'être ense-

NOTICE HISTORIQUE.

écouverte

D'UN TEMPLE ROMAIN,

en 1822,

A UNE LIEUE D'AVALLON, EN BOURGOGNE. (1)

A l'époque de la restauration, la commune du Vault, située à une lieue d'Avallon, sur la rivière du Cousin, avait pour pasteur l'abbé Lombard, digne prêtre, versé dans la connaissance de la langue latine et de l'histoire ancienne, homme du monde d'ailleurs, comme il convenait de l'être à un ecclésiastique aussi régulier. Il s'apercevait que de temps-en-temps ses paroissiens lui glissaient, soit à l'offerte, soit à la quête, des médailles en bronze bien nettoyées, qu'il échangeait suivant leur volume, après l'office, pour des pièces de cinq ou dix centimes, de sa bourse ; et par ce moyen il se composait à peu de frais un médailler qu'il appréciait beaucoup. (2) Enfin vers les années

---

(1) Avallon, chef-lieu de Sous-Préfecture, Tribunal de 1.ère instance, est situé dans le département de l'Yonne, sa population est de 5,560 âmes, autrefois Aballo, ville des Mandubiens. *V. itin. Anton. et Tabl. Theod.*

(2) L'auteur de cette notice tient ce fait de l'abbé Lombard

1821 et 1822, ce genre d'offrande étant devenu plus fréquent, et le curé ayant remarqué qu'une famille de vignerons, qu'il connaissait fort bien, était plus prodigue de ces médailles que ses autres paroissiens, il s'adressa au chef de cette famille, et lui demanda d'où lui venaient tant de pièces fausses, que lui et les siens distribuaient à l'offerte et à la quête pour de la monnaie courante. Le paysan commença par nier, mais vaincu par les explications du curé, et le voyant d'ailleurs peu courroucé de sa supercherie, il avoua qu'il les trouvait dans un champ inculte qu'il épierrait, et qui était situé presqu'au faîte du Montmarte (Mons Martis), la plus haute montagne du département de l'Yonne, et la plus voisine du village du Vault. Il raconta au bon pasteur qui le faisait causer avec intérêt, sur cette rencontre, que dans un *murger* (amas de pierrailles), qu'il avait établi dans son champ, il avait accumulé des morceaux de marbre de différentes grandeurs : des mains, des doigts, et autres débris de statues en pierres, des briques épaisses, et enfin une tête qui lui avait pres-

---

lui-même; il a vu ce médailler de 60 à 80 pièces en bronze, la plupart *grand bronze*, au Type des Antonin, Constantin, etc.

que fait peur. Le curé l'engagea à aller chercher cette tête : le vigneron tout satisfait d'avoir été si légèrement semoncé, ne perdit point de temps, et au lieu d'une en apporta deux dans sa hotte, qu'il déchargea dans le jardin du presbytère, où de suite elles furent exposées sur une petite terrasse au bord de la rivière.

Les amis du curé, amateurs des beaux arts, apprirent bientôt qu'il possédait un trésor, et vinrent le visiter. Les têtes furent trouvées très belles. La moins endommagée (qui l'est fort peu) offre les formes un peu colossales d'une tête d'homme (1), les cheveux sont abondants, et contournés, moins longs sur le derrière de la tête que sur le front, l'âge paraît être de cinquante à cinquante-cinq ans. La physionomie porte un caractère de tristesse, et le regard semble s'élever douloureusement vers le ciel. La barbe épaisse et polie se marie bien à l'ensemble de la figure. Certainement cet ouvrage est sorti des mains d'un savant statuaire et rappelle le siècle d'Auguste. Une pierre tendre et blanche, qui ne provient d'aucune carrière du pays, a servi à sa con-

---

(1) Première tête, 2me planche.

fection (1). Après cet examen le curé et ses amis guidés par le vigneron, se dirigèrent près du sommet du Montmarte et tous ensemble fouillèrent l'amas de pierrailles dans lequel étaient renfermés quelques débris de l'antiquité. M. R....., l'un deux, fit l'acquisition du terrain que possédait le vigneron, se chargea des frais de recherches, et mit les pionniers en exercice vers le milieu de novembre 1822.

Le Montmarte, situé à une demi lieue de la voie romaine, qui d'Avallon passait sous Cora (2) et par Crisenon, communiquait à Auxerre, est remarquable par sa hauteur, la beauté de sa forme, et la variété des paysages qui l'entourent. Son pied touche à la rivière du Cousin, sur les bords de laquelle s'étend le village du Vault. Une calotte de laves arides (sorte de pierres calcaires à feuillets épais) couronne son sommet. Un

---

(1) Ce pourrait être une pierre des carrières de Tonnerre.
(2) Cora est du nombre de ces villes perdues, sur lesquelles les géographes de bonne foi n'ont pu rien préciser que la situation; elle était bâtie à trois lieues d'Avallon, sur une montagne à pic, qui du côté du levant domine la rivière de Cure, d'où peut-être elle tirait son nom. La voie Romaine qui longe la rivière du côté opposé à ce site est bien conservée l'espace d'une demi lieue. *Danville*, parle de Cora; on voit encore une enceinte de 860 pas environ de pierrailles, avec l'indication de deux portes, et la forme de deux tours.

arbre énorme, un tilleul de temps immémorial, placé sur sa première inclinaison, le domine du côté du nord; à l'est et au sud-est, des vignes embrassent les deux tiers de sa hauteur, et la moitié de son contour. Quelques petits arbustes sauvages et touffus rampent des vignes à son sommet. Sous les racines du gros tilleul, une anfractuosité immense indiquerait peut-être la bouche d'un volcan éteint; les vignerons n'en approchent qu'avec difficulté, pour attacher autour les branches de leurs ceps. (1)

Au sud, l'inclinaison de la montagne est plus douce; à deux cents pas de sa crête les cultures commencent sur un terrain léger et graveleux, mêlé de petites laves. Plus la charrue s'approche de la calotte du mont, plus les pierrailles multipliées arrêtent ses travaux. C'est dans ce lieu qu'en piochant pour écarter les obstacles, le vigneron qui avait porté les deux têtes en pierres à M. le Curé du Vault, les avoit trouvées presqu'à fleur de terre. C'est là aussi que les fouilles furent entreprises. Quelques soins qu'y apportât M. R....,

---

(1) Il est de tradition à Avallon, que des pierres ponces (*pumices*) se rencontraient autrefois en grand nombre sur les flancs du Montmarte.

une certaine confusion, résultat de la précipitation et de la curiosité, résultat aussi du défaut d'expérience, nuisait aux découvertes : on rejettait les terres enlevées sur des emplacements que l'on voulait fouiller ensuite ; et dans le public empressé, il se rencontrait des mains avides ou maladroites, qui pouvaient nuire beaucoup aux résultats qu'on avait lieu d'espérer. Heureusement la ville d'Avallon recelait alors dans son sein un de ses enfans, qui, précisément dans cette partie de l'art, avait acquis une grande expérience à Naples, en Sicile, à Rome surtout, où il avait été chargé par le gouvernement français de faire des recherches monumentales ; c'était M. *Caristie*, architecte distingué, celui-là même qui a été chargé de la construction du monument de Quiberon, dont il avait fourni le dessin, et qui est maintenant *Inspecteur-Général, membre du Conseil des Bâtiments civils*. Il eut la complaisance de diriger les fouilles.

Sous son inspection, on découvrit une muraille élevée d'environ deux pieds et demi au dessus du sol antique, sa largeur était de 18 à 20 pouces seulement ; en suivant sa direction on la mit au jour sur ses quatre faces, chacune de cinquante pieds d'étendue. Du côté de l'est, on rencontra une ouverture de 8 pieds, juste au milieu de son développement. M. Caristie avait conjecturé où devait se trouver cette ouverture ou porte dans la supposition que ce pouvait être un temple (1) de l'espèce de ceux désignés en latin sous le nom de *Sacellum*.

Faisant creuser dans la partie intérieure de la muraille, à neuf pieds de distance de tout le pourtour, on trouva un second carré en maçonnerie inscrit au premier, ayant 28 pieds d'étendue sur chaque face. Une ouverture vis-à-vis de la précédente qui a dû être de la même largeur, mais qui était dégradée sur ses côtés, indiquait bien que là était le portique de la largeur d'une muraille à l'autre. Le prolongement de cette muraille parallèle, devait

---

(1) M. Caristie se réservait de préciser son opinion sur ce temple, et chacun des objets intéressants des découvertes, après que de nouvelles fouilles, attendues toujours, auraient été faites. La science hésite, l'ignorance se détermine. A défaut de fouilles nouvelles et attendu ce privilége, nous hazarderons dans cette notice nos observations, basées cependant en partie sur ce que nous a suggéré M. Caristie. Cet architecte savant pense que le monument pourrait être un Temple romain; que les statues qu'il renfermait sont pour la plupart du bon temps de la sculpture antique ; et que ces petits temples isolés ou stations, se rencontraient dans le voisinage des voies romaines.

former une galerie ou péristyle, dont le toit était soutenu par des pilastres ou des arcades au travers desquels le jour était introduit dans la galerie, du carré intérieur de 28 pieds, qui formait un temple découvert. L'autel était sans doute dans cet espace aéré. On a retrouvé de ces temples à Pompeï et à Herculanum : c'était l'*hypœtron* des Grecs.

Les principales rencontres se sont faites dans les parties de la galerie les plus rapprochées du *Pronaum*. On a relevé dans un des angles de cette galerie une statue de plus de 7 pieds de hauteur, en pierre, renversée sur le ventre, les pieds tournés vers l'orient, la tête et les bras séparés du tronc, mais près de lui. Elle semblait couchée là depuis son premier renversement, soit qu'il provint des secousses du temps, soit qu'il eut pour cause la réaction qu'exercèrent les légions qui reprirent après Julien l'apostat l'étendard de la croix. Nous nous arrêtons d'avantage à cette dernière idée, parceque les mutilations nombreuses de toutes ces statues payennes semblent dans ce lieu avoir été faites à plaisir. Celle-ci un peu colossale représentait certainement un flamine (1). Le voile

---

(1.) Deuxième tête, 2me planche.

couvre sa tête, et retombe sur ses épaules, ses formes ne sont pas cachées par la chute de sa robe dont les plis relevés se réunissent dans sa main gauche; la droite tient une coupe destinée aux libations; l'air grave et majestueux de ce pontife, l'expression auguste de sa dignité portent le caractère de la sculpture antique.

Vis-à-vis ce pontife, à l'angle nord-ouest, une autre statue également en pierre, renversée et brisée comme celle-ci, annonça une même chute, un même évènement. C'est un jeune homme d'une taille au-dessus de la plus élevée (1). Il est entièrement nud. Une courroie mince et légère passe sur son épaule droite et se termine en nœud sur sa hanche gauche, son expression est la fierté; on croit remarquer un léger gonflement à ses narines, et à sa lèvre supérieure, son bras droit recourbé semble prêt à saisir une flèche dans un carquois qui flotte sur son épaule. Croirait-on que cette belle statue gisante près du lieu d'où elle avait été tirée, pour satisfaire aux désirs des spectateurs, a été mutilée dans son sexe peu d'instants après sa découverte !

---

(1) Première tête; 3ᵐᵉ planche. (Peut-être Mars.)

Une superbe statue en marbre, de grandeur ordinaire, mais aussi mutilée, ayant sur la tête un casque figuré par une tête de louve, auquel il manque deux petites extrémités, et que les uns ont appelé la déesse *Rome*, les autres une Bellone (1), occupait un troisième angle de la galerie, côté du midi. Puis les débris de la belle statue en pierre dont la tête apportée par le vigneron, avait révélé ces trésors cachés, et quantité de bras, de doigts, de portions de troncs, de têtes d'hommes et de femmes, le jarret colossal d'un cheval en pierre, deux petites statues sans tête de la grandeur de la main, et qui devaient avoir été des dieux domestiques, une poignée de sabre en pierre, etc. Tous objets rapprochés du portique ou passage, comme à dessein, et mutilés sur ce lieu même.

Le sol de la galerie est une espèce de glaise étendue uniformément. On pourrait penser que des mosaïques posées dessus en auraient été enlevées. Le sol du Temple qui devait n'avoir jamais été couvert et qui était renfermé dans le carré de 28 pieds sur chaque face de l'enceinte du second mur, est un pavé en cailloutage.

---

(1) Troisième tête, 3ème. planche

Le seuil du portique, ou porte correspondante, est en dalles du pays, les montants qui ne sont figurés qu'à l'ouverture extérieure, sont en grosses briques, autrefois peut-être revêtues de marbre. Dans la partie nord intérieure de la galerie, on a trouvé des enduits en stuc peints, dont les couleurs vertes et rouges sont bien conservées, ce sont des feuilles d'acanthe entrelacées avec des cercles. Ces enduits, les débris des statues, les têtes en marbre et en pierre, enfin tous les résultats des fouilles à peu de chose près, sont déposés chez M. R.. à Avallon.

On peut estimer à douze le nombre des statues de toute espèce qui décoraient ce Temple. Autrefois a eu lieu sans doute un pillage et un enlèvement considérable des objets transportables qu'il contenait, et qui pouvaient être utilisés. On ne retrouve pas la dixième partie du cheval colossal ; on ne rencontre pas la centième partie des fragments de lambris et de corniches de beau marbre blanc qui faisaient certainement le tour de l'intérieur du Temple. Les villages situés au bas de la montagne faisaient arriver avec facilité, et en les roulant, les blocs dont ils voulaient s'emparer. A Vermoiron, village dépendant de la paroisse du

Vault, situé au pied du Montmarte, à son nord-est, nous avons vu dans les plus vieilles maisons, des pierres encore arrondies d'un côté, ou portant quelques traits de sculpture, employées dans la maçonnerie. Combien d'objets provenant de ce monument ont été dénaturés et employés ? combien, dispersés et perdus ?

A six pieds du portique du Temple, et vis-à-vis sa façade extérieure, dans le lieu où ce portique a peut-être été renversé, on a trouvé, en fragments de marbre blanc, une inscription que l'on n'a pas pu rassembler complètement. Les cavités en sont bien prononcées, nettement détachées, chaque lettre à seize lignes de hauteur, on lit : DEO N RC
EX STIPIBV
V AIVI En confondant le dernier jambage de l'M avec l'E qui suit et qui ne paraît pas douteux, quoique l'on n'ait que son trait inférieur ⌐, on lira DEO MERC*urio*. Ce serait le Dieu auquel le Temple aurait été dédié (1). Ces lettres de seize lignes étant placées à dix ou douze pieds de hauteur en avant du *Prönaum*, devaient être lisibles, surtout si leur excavation était coloriée. L'inscription

---

(1) Voyez le dessin planche 2*. On a des exemples dans les *inscriptions* antiques de ce genre de liaison.

gisait à deux pieds sous terre seulement, elle est l'unique qui ait été rencontrée.

De plus érudits que nous, hésitent à se prononcer sur cette inscription ; M. Caristie qui en a relevé le dessin à la vue des marbres rapprochés, rejette même la supposition d'un M., à cause de l'élévation perpendiculaire du trait du second jambage, et du peu de distance avec le troisième qui serait uni à l'E ; il admet la necessité de cet E. Alors il faudrait lire DEO NERC, cette dernière lettre n'étant pas douteuse. Ce qui ne se rapporterait à aucune divinité, à aucun demi-dieu, et serait inintelligible ou à peu-près ; mais cela n'en serait qu'un plus merveilleux objet de recherches.

A la distance de deux pieds de l'inscription, on a trouvé réunies, sans enveloppe, cent quatre médailles, dont deux en argent, le reste en bronze de différentes grandeurs. Un inventaire détaillé, parfait, en a été composé par un habitant d'Avallon, très-versé dans la science numismatique. La plus ancienne de ces médailles est de *Trajan*, la plus récente de *Valentinien* Ier (1).

---

(1) En voici la liste : Une de Trajan, empereur en 98 ; deux de Marc-Aurèle, une d'Alexandre Sevère, trois de Gordien III, une de Constance-Chlore, deux de Maximin-Daza ; deux de

On a trouvé aussi près du portique et en dehors, une pierre propre aux sacrifices. Elle est carrée, large de deux pieds avec un rebord de quinze lignes tout autour. Une petite pierre très-dure, très-tranchante, de trois pouces de haut sur deux de large, ayant un peu la forme d'un coin, a été recueillie près d'elle.

Des clous de plusieurs grandeurs, des débris de verre et d'amphores, des briques larges et épaisses, quelques unes courbées, du marbre blanc en lame de six lignes d'épaisseur, et de un, deux et deux pieds et demi de longueur, et sur lequel sont sculptés des traits droits, ont été trouvés avec quelques médailles dans la partie intérieure du temple, qui nous paraît n'avoir jamais été couverte.

Les ouvriers furent encore employés pendant plusieurs jours à continuer les fouilles hors de l'enceinte de la Galerie et du Temple. On découvrit bientôt un bâtiment qui, débordant ce temple sans régularité, et le joignant cependant, descendait de l'ouest à l'est sur une longueur

---

Licinius père, dix-huit de Constantin-le-Grand, six de Rome, quatre de Constantinople, sept de Crispus, onze de Constantin le-Jeune, six de Constant, dix de Constance, seize de Magnence, dix de Decentius, une de Julien, une de Constance-Gallus, une d'Hélène, une de Valentinien Ier., salué empereur en 365, mort en 375.

de soixante-trois pieds. Il était traversé à la distance de vingt-deux pieds du nord au sud par un acqueduc fort régulier d'environ deux pieds de largeur, en forte maçonnerie. Il devait recueillir les eaux que versait le sommet du Montmarte, et assainir le Temple. Du côté du midi, quatre piles en maçonnerie, en forme de contre-forts (1), étayaient le mur de cette enceinte. Ce mur fait en talus, était déjà très-épais par lui-même, nous lui avons trouvé à sa superficie, à deux pieds du sol, trente pouces de largeur. Du côté du nord il est presqu'entièrement ruiné, et disparaît la longueur de cinquante pieds. Ce grand édifice a-t-il été une construction plus moderne que le Temple? n'était-ce pas le logement de ses prêtres? il faut ajourner ces conjectures. L'enceinte n'a pas été entièrement fouillée; la rigueur du froid ayant chassé les ouvriers de ce lieu même, le 15 décembre 1822 ; mais M. R.... pour assurer la continuation des fouilles et n'éprouver d'obstacles d'aucune part, a acquis à cette époque tous les terrains environnans, les a jalonnés, a scrupuleusement examiné les éminences et les mouvements de terre, qui annon-

---

(1) Voyez le plan, Ière. planche.

çaient encore des trésors cachés; ce qui fait présumer qu'il a le projet de continuer incessamment ces fouilles.

Trois statues en pierre, et peut-être une en marbre, pourraient tout au plus être restaurées, cette dépense est au nombre de celles que projette M. R.... M. Buchon, que S. Exc. le Ministre de l'Intérieur avait autorisé en 1828 à visiter les dépôts de bibliothèques et d'archives publiques, a eu occasion d'admirer le recueil si riche, résultat des découvertes faites sur le Montmarte. M. Burnouf, Inspecteur de l'Université, et beaucoup de voyageurs distingués et d'amateurs de l'antiquité, sont également venus les visiter; tous, comme MM. Caristie et Buchon, ont reconnu les traits de la haute antiquité, et ont fait des vœux pour que de nouvelles fouilles offrissent encore au public ce qui reste à explorer de ces richesses.

Le Montmarte, outre les débris du Temple et de ses accessoires, que nous croyons avoir été dédiés à Mercure, dieu des voyageurs, en recèle d'autres, non loin de là, peut-être aussi intéressants. A quatre cents pas, nord-est, deux fontaines, dont les eaux vives se joignent en se précipitant sur le flanc de la montagne, ont été par les Romains utilisées et embellies, sans doute à cause du voisinage du Temple, avec ce soin et cet art qu'ils savaient répandre sur tout ce qu'ils faisaient. La vigne ou passe le cours d'eau, se nomme la *Vigne des fées*. On aperçoit au dessus deux petites esplanades, restes des bains antiques. Perdus dans les broussailles, ces bains démolis et pillés, avaient encore laissé voir quelque beauté en 1777, et l'abbé *Courtepée*, dans son histoire descriptive de Bourgogne, parle de ces bains qui furent alors retrouvés. Des marbres ciselés, des morceaux de brique se voient aujourd'hui par parcelles, autour d'une des deux sources dite la Fontaine-Belle. Une fouille bien ordonnée pourrait rendre au jour, dans ce lieu, des conduits, des tuyaux, des fondations d'édifices, et peut-être des statues d'un grand prix.

A l'aspect de tant de merveilles découvertes ou prévues, M. Malot, ancien procureur du Roi, au bailliage d'Avallon, a senti à l'âge de soixante et douze ans, renaître en lui ce feu poétique qui lui avait fait conquérir, dans sa jeunesse, plusieurs palmes académiques : il a composé un poème de plus de six cent vers sur ce sujet. En voici des fragments :

Aux lieux, où du Cousin l'arne encore peu profonde
Voit l'aulne et l'églantier se mirer dans son onde,

Et, fuyant les rochers et les bois du Morvand,
Vient s'unir à la Cure, et vogue à l'Océan,
S'élève un mont altier, dont le flanc se tapisse
D'un plan cher à Bacchus, aux poètes propice ;
Son front aérien, orgueilleux et désert....

Quel œil assez perçant eût jamais soupçonné
Qu'il recelait ainsi de superbes antiques,
Du génie et du goût précieuses reliques....

Pour de si vieux débris d'où naît ce vif attrait ?
L'ascendant seul des arts produit-il cet effet ?
Sans doute le lointain lui prête son prestige ;
Il donne un nouveau lustre à l'antique prodige.
De vapeurs, de lumière et d'ombre environné,
Ce lointain merveilleux plaît à l'œil étonné.
On aime à promener sa pénétrante vue
Dans ce vaste horizon, dans sa vague étendue.

Le sacrificateur dans l'angle enseveli,
De l'abîme du temps, des gouffres de l'oubli,
Après plus de mille ans, revient à la lumière
Etaler tous ses traits et sa forme première.
Oui, son noble maintien, son port majestueux,
Tout représente en lui l'interprète des dieux.
Aruspice, Flamine, Augure ou Mars peut-être ;
Si ce n'est le dieu même, au moins c'est son grand prêtre.

Parlant d'une autre statue:

C'est le gladiateur dans le cirque romain
Mourant pour le plaisir de ce peuple inhumain.

Une noble douleur sur ce front est empreinte ;
Il voit de près la mort et la subit sans crainte.
Ces yeux levés au ciel qu'ils semblent implorer,
Quoiqu'ils ne pleurent point, nous font presque pleurer.
Cette lèvre entr'ouverte à nos yeux semble dire :
» Tu veux, peuple cruel, qu'avec grâce j'expire ;
» Jouis de mon malheur, repais-toi de mon sang ;
» Toi seul es criminel, car je meurs innocent,
» Acteur infortuné d'un spectacle féroce :
» Toi, d'un délassement lâche, odieux, atroce,
» Apprends un art plus grand que celui de mourir ;
» Retiens cette leçon : viens apprendre à souffrir ;
» Et, quand de moi la mort, sans m'étonner, s'empare,
» Cesse, cesse, du moins, de me nommer *barbare*.
» Le barbare, c'est toi qui nourris ton orgueil
» De conquêtes, de sang, de victoires, de deuil. »
    Rempli de ces objets dignes de nos Orphées,
Je m'égarais.... J'atteins la fontaine des Fées
Où l'on prétend qu'un riche et somptueux romain
Possédait autrefois un magnifique bain.
Cent marbres, enfouis long-temps sous cette rive,
En de vastes bassins y tenaient l'eau captive :
Là, notre Lucullus, ivre de volupté,
Reprenait sa vigueur, retrempait sa santé.
    Lorsqu'on est fatigué d'une pénible course,
Qu'il est doux de puiser l'onde pure à sa source !
La nymphe offrait de plus le tapis de ses bords ;
Je l'accepte, m'assieds, et m'étends et m'endors.
Bientôt, au bruit flatteur d'une douce harmonie,
M'apparaît de ces monts le paisible génie.
Majestueux sans faste, imposant sans fierté,

Il m'aborde, il me parle avec simplicité ;
Je reconnais l'accent de la vérité même.
« Je viens, dit-il, je viens résoudre le problème

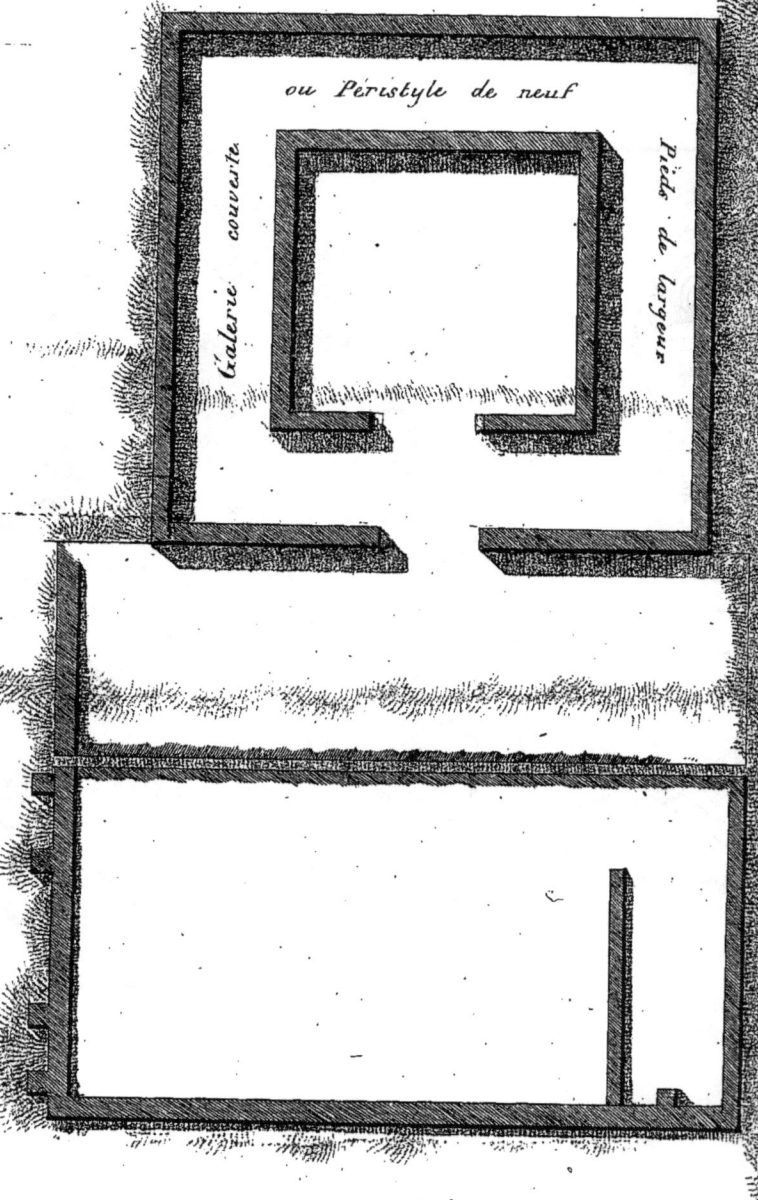

AVIS
DE L'ÉDITEUR ITALIEN.

La bienveillance avec laquelle le public a accueilli le *Voyage à Pompéi* de l'abbé Romanelli; le rapide débit de la première édition; les demandes continuelles que nous adressent tant les Italiens que les étrangers érudits, sont des motifs trés-convaincants qui nous ont déterminés à mettre au jour cette seconde édition. La manière neuve dont l'auteur a conçu cet ouvrage, lui a valu des témoignages de satisfaction mérités de la part du public. Que ce voyage soit une fiction ou une réalité, il n'en est pas moins vrai qu'en introduisant des interlocuteurs pour rendre plus vive et plus animée la visite faite à cette ville sortie de dessous terre, l'auteur a rencontré un moyen certain de procurer du plaisir à ses lecteurs, d'entrer dans des détails plus instructifs à l'aspect de ces précieux débris, et d'amener naturellement les voyageurs qui l'accompagnent à faire des demandes, des réponses, et à établir enfin une conversation. Descendus dans ces fouilles, n'ont-ils pas l'avantage d'y apprécier la vie civile, économique et domestique de ceux qui nous ont précédés de tant de siècles, et d'y confronter le texte des anciens auteurs en présence même des monuments qu'ils ont décrits; monuments qui, après dix-huit cents ans, existent encore. Ainsi les habitans de cette ville célèbre sont pour eux comme s'ils étaient toujours pleins de vie. Ils les voient dans leurs demeures, dans leurs bains, dans leurs festins, à la toilette, dans les temples, dans les jeux, au théâtre; ils les suivent, pour ainsi dire, jusqu'après leur mort dans leurs tombeaux. Il ne manquerait à l'illusion que de converser avec eux, et de leur demander si tout ce qu'on voit n'est pas un songe? Mais les monuments présents attestent la vérité des faits. Tout est mis à découvert pour notre instruction; leurs usages, leurs lois, les arts, les coutumes, les cérémonies religieuses, la culture qu'ils pratiquaient, et enfin le degré de civilisation auquel ils étaient arrivés.

L'auteur dans cette nouvelle édition a jugé à propos de faire des changements, et d'ajouter des notes intéressantes. En donnant une date plus récente au voyage, il y a placé toutes les nouvelles découvertes qui ont été faites jusqu'à ce jour.

Rien n'a donc été omis pour rendre cette édition plus complète; et si la première a été enlevée avec rapidité, celle-ci doit avoir encore plus d'attraits pour le public.

NOTICE PRÉLIMINAIRE

SUR POMPÉI.

L'auteur fait connaître dans le dernier chapitre de son voyage à Pompéi ce qu'il pense de l'origine de cette ville, de son étendue, de ses révolutions politiques, de son gouvernement. Nous exposerons seulement au lecteur à quelles révolutions physiques elle a été livrée dans les dernières années de son existence, comment et dans quel état elle a été saisie par la catastrophe affreuse de l'éruption du mont Vésuve, arrivée l'an 79 de l'ère chrétienne, sous l'empire de Titus.

Pompéi, l'une des douze villes étrusques dont Capoue était la capitale, est située dans la Campanie, à cinq lieues un quart de Naples. Il paraît qu'avant d'avoir éprouvé les violents effets du Vésuve, elle était un port de mer, du moins c'est ainsi que Strabon la désigne, et du côté du midi on a trouvé dans ses vieux remparts des débris d'algues et de plantes marines. Maintenant elle est à plus d'un mille de distance du rivage de la mer. Un canal introduisait dans

Pompéi les eaux de la rivière de Sarno, dite Scafati. Le sol sur lequel cette ville est assise est une antique lâve du Vésuve. Chose étonnante! Les anciennes éruptions qui auraient consolidé ce fond de lâves étaient inconnues aux écrivains du premier siècle; et Pline, le naturaliste, qui a succombé le même jour que Pompéi, enveloppé dans la même nuée de cendres, n'a pas parlé du Vésuve dans l'énumération qu'il fait des volcans, qui étaient connus alors dans le *Vetus orbis Romanus.* Il ne rend pas compte non plus du grand tremblement de terre arrivé l'an 63 de Jésus-Christ, sous le règne de Néron, et parconséquent seize ans avant sa mort; tremblement de terre dont la commotion partait des flancs du Vésuve, qui a ébranlé Naples, a englouti la ville d'Herculanum toute entière, a renversé une partie des édifices de Pompéi, et semblait être le précurseur de l'éruption désastreuse de 79.

On verra dans cet ouvrage que les malheureux habitans de Pompéi étaient occupés alors à restaurer leur ville; qu'ils avaient récemment érigé des statues à la munificence des citoyens qui avaient concouru davantage à la réédification des monuments publics endommagés, etc, etc; mais son sort était de succomber; d'être ensevelie vivante, et de conserver pour notre siècle une effigie parfaite de celui d'Auguste.

Le 24 août 79 des tremblements de terre se firent d'abord sentir, puis l'éruption du Vésuve se détermina à sept heures du matin. Plusieurs naturalistes pensent que cette éruption est la première qui déchira le sommet de la montagne, quelques-uns disent que c'est seulement la première dont la date précise ait été portée jusqu'à nous.

Pline le jeune, qui a été témoin de cet événement, va nous en fournir la description, en racontant à Tacite la mort terrible de son oncle qui en a été la victime.

» Il était à Misène, où il commandait la
» flotte; le vingt-troisième d'août, environ une
» heure après midi, ma mère l'avertit qu'il
» paraissait un nuage d'une grandeur et d'une
» figure extraordinaire. Il avait été quelque
» temps couché au soleil, avait pris le bain
» d'eau froide, et après un léger déjeuné, il
» s'était jeté sur son lit, où il étudiait. Il se
» lève, et monte en un lieu d'où il pouvait ai-
» sément observer ce prodige. Il était difficile
» de discerner de loin de quelle montagne ce
» nuage sortait. L'événement a découvert depuis
» que c'était du mont Vésuve. Sa figure appro-

» chait de celle d'un arbre, et d'un pin plus
» que d'aucun autre; car après s'être élevé fort
» haut en forme de tronc, il étendait comme
» des espèces de branches. Je m'imagine qu'un
» vent souterrain le poussait d'abord avec im-
» pétuosité, et le soutenait : mais soit que l'im-
» pression diminuât peu-à-peu, soit que ce
» nuage fût affaissé par son propre poids, on
» le voyait se dilater et se répandre. Il parais-
» sait tantôt blanc, tantôt noirâtre, et tantôt
» de diverses couleurs, selon qu'il était plus
» chargé ou de cendre ou de terre. Ce prodige
» surprit mon oncle, qui était très-savant, et
» il le crut digne d'être examiné de plus près.
» Il commande que l'on appareille sa frégate
» légère, et me laisse la liberté de le suivre.
» Je lui répondis que j'aimais mieux étudier;
» et par hasard il m'avait lui-même donné
» quelque chose à écrire. Il sortait de chez lui
» ses tablettes à la main, lorsque les troupes de
» la flotte qui étaient à Rétine, effrayées par la
» grandeur du danger, (car ce bourg est pré-
» cisément sur Misène, et on ne s'en pouvait
» sauver que par la mer), vinrent le conjurer
» de vouloir bien les garantir d'un si affreux
» péril. Il renonce au projet qu'avait d'abord
» formé une simple curiosité, et s'en propose

» un plus important et plus héroïque. Il ordonne
» qu'on mette à flot les galères, s'embarque
» lui-même, et part dans le dessein de porter
» du secours non-seulement à Rétine, mais à
» plusieurs autres bourgs de cette côte, qui
» sont en grand nombre à cause de sa beauté.
» Il se presse d'arriver au lieu d'où tout le
» monde fuit, et où le péril paraissait plus
» grand, mais avec une telle liberté d'esprit,
» qu'à mesure qu'il apercevait quelque mouve-
» ment, ou quelque figure extraordinaire dans
» ce prodige, il faisait ses observations et les
» dictait. Déjà sur les vaisseaux volait la cendre
» plus épaisse et plus chaude, à mesure qu'ils
» approchaient. Déjà tombaient autour d'eux
» des pierres calcinées et des cailloux tout
» noirs, tout brûlés, tout pulvérisés par la
» violence du feu. Déjà la mer semblait refluer,
» et le rivage devenir inaccessible par des mor-
» ceaux entiers de montagnes, dont il était
» couvert, lorsqu'après s'être arrêté quelques
» moments, incertain s'il retournerait, il dit à
» son Pilote, qui lui conseillait de gagner la
» pleine mer : *La fortune favorise le courage.*
» *Tournez du côté de Pomponianus.* Pomponia-
» nus était à Stabie, en un endroit séparé par
» un petit golfe, que forme insensiblement

» la mer sur ces rivages qui se courbent. Là,
» à la vue du péril qui était encore éloigné,
» mais qui semblait s'approcher toujours, il
» avait fait porter ses effets dans ses vaisseaux,
» et n'attendait pour se sauver qu'un vent moins
» contraire. Mon oncle, à qui ce même vent
» avait été très-favorable, aborde Pomponianus,
» le trouve tout tremblant, l'embrasse, le ras-
» sure, l'encourage, et, pour dissiper par sa
» sécurité la crainte de son ami, il se fait porter
» au bain; après s'être baigné, il se met à table,
» et soupe avec toute sa gaieté, ou (ce qui
» n'est pas moins grand) avec toutes les appa-
» rences de sa gaieté ordinaire. Cependant on
» voyait luire de plusieurs endroits du mont
» Vésuve de grandes flammes et des embrase-
» ments, dont les ténèbres augmentaient l'éclat.
» Mon oncle, pour rassurer ceux qui l'accom-
» pagnaient, leur disait, que ce qu'ils voyaient
» brûler, c'étaient des villages que les paysans
» alarmés avaient abandonnés, et qui étaient
» demeurés sans secours. Ensuite il se coucha
» et dormit d'un profond sommeil; car, comme
» il était puissant, et que sa respiration plus
» gênée n'en était que plus forte, on l'entendait
» ronfler de l'antichambre. Mais enfin, la cour,
» par où l'on entrait dans son appartement,

» commençait à se remplir si fort de cendres
» et de pierres calcinées, que pour peu qu'il
» eût resté plus long-temps, il ne lui aurait
» plus été libre de sortir. On l'éveille ; il va re-
» joindre Pomponianus et les autres qui avaient
» veillé. Ils tiennent conseil, et délibèrent s'ils
» se renfermeront dans la maison, ou s'ils se
» tiendront en plein air : car les maisons étaient
» tellement ébranlées par les fréquents tremble-
» ments de terre, que l'on aurait dit qu'elles
» étaient arrachées de leurs fondements, et
» jetées tantôt d'un côté, tantôt de l'autre, et
» puis remises à leurs places. Quoiqu'en plein
» air, on eut à craindre la chute des pierres
» calcinées et pulvérisées, c'est néanmoins
» le parti que l'on prit comme le moins dange-
» reux. Chez ceux de sa suite, une crainte
» surmonta l'autre ; chez lui, la raison la plus
» forte l'emporta sur la plus faible. Ils se
» couvrent la tête d'oreillers attachés avec des
» mouchoirs ; ce fut la précaution qu'ils prirent
» contre ce qui tombait d'en haut. Le jour re-
» commençait ailleurs ; mais dans le lieu où ils
» étaient, continuait une nuit la plus sombre
» et la plus affreuse de toutes les nuits, et qui
» n'était un peu dissipée que par la lueur d'un
» grand nombre de flambeaux et d'autres lu-

» mières. On trouva bon de s'approcher du
» rivage, et d'examiner de près ce que la mer
» permettait de tenter ; mais on la trouva en-
» core fort grosse et fort agitée d'un vent con-
» traire. Là, mon oncle, ayant demandé de
» l'eau et bu deux fois, se coucha sur un drap
» qu'il fit étendre. Ensuite des flammes qui
» parurent plus grandes, et une odeur de
» soufre qui annonçait leur approche, mirent
» tout le monde en fuite. Il se lève, appuyé
» sur deux valets, et, dans le moment, tombe
» mort. Je m'imagine qu'une fumée trop épaisse
» le suffoqua d'autant plus aisément, qu'il avait
» la poitrine faible et étroite, et souvent la
» respiration embarrassée. Lorsque l'on com-
» mença à revoir la lumière, ce qui n'arriva
» que trois jours après, on retrouva au même
» endroit son corps entier, couvert de la même
» robe qu'il portait quand il mourut, et dans
» la posture plutôt d'un homme qui repose, que
» d'un homme qui est mort.

» Après que mon oncle fut parti, je continuai
» l'étude, qui m'avait empêché de le suivre.
» Je pris le bain, je soupai, je me couchai,
» et dormis peu, et d'un sommeil fort inter-
» rompu. Pendant plusieurs jours, un tremble-
» ment de terre s'était fait sentir, et nous avait

» moins effrayés parce que la Campanie y est
» sujette. Il redoubla pendant cette nuit avec
» tant de violence, qu'on eût dit que tout était,
» non pas agité, mais renversé. Ma mère entra
» brusquement dans ma chambre, et trouva
» que je me levais, dans le dessein de l'éveiller,
» si elle eût été endormie. Nous nous asseyons
» dans la cour, qui ne sépare le bâtiment d'avec
» la mer, que par un fort petit espace. Comme
» je n'avais que dix-huit ans, je ne sais si je
» dois appeler fermeté ou imprudence ce que
» je fis : je demandai Tite-Live, je me mis à le
» lire, et je continuai à extraire, ainsi que j'au-
» rais pu le faire dans le plus grand calme. Un
» ami de mon oncle survient ; il était nouvelle-
» ment arrivé d'Espagne pour le voir. Dès qu'il
» nous aperçoit, ma mère et moi assis, moi un
» livre dans la main, il nous reproche, à elle
» sa tranquillité, à moi ma confiance. Je n'en
» levai pas les yeux de dessus mon livre. Il
» était déja sept heures du matin, et il ne pa-
» raissait encore qu'une lumière faible, comme
» une espèce de crépuscule. Alors les bâtiments
» furent ébranlés avec de si fortes secousses,
» qu'il n'y eut plus de sûreté à demeurer dans
» un lieu à la vérité découvert, mais fort étroit.
» Nous prenons le parti de quitter la ville ; le

» peuple épouvanté nous suit en foule, nous
» presse, nous pousse; et ce qui, dans la
» frayeur, tient lieu de prudence, chacun ne
» croit rien de plus sûr que ce qu'il voit faire
» aux autres. Après que nous fûmes sortis de
» la ville, nous nous arrêtons; et là, nouveaux
» prodiges, nouvelles frayeurs. Les voitures
» que nous avions emmenées avec nous, étaient
» à tout moment si agitées, quoique dans un
» chemin très-uni, qu'on ne pouvait, même en
» les appuyant avec de grosses pierres, les ar-
» rêter en une place. La mer semblait se ren-
» verser sur elle-même, et être comme chassée
» du rivage par l'ébranlement de la terre. Le
» rivage en effet était devenu plus spacieux,
» et se trouvait rempli de différents poissons
» demeurés à sec sur le sable. A l'opposite, une
» nue noire et horrible, d'où sortaient des feux
» qui s'élançaient en serpentant, s'ouvrait et
» laissait échapper de longues fusées semblables
» à des éclairs, mais qui étaient beaucoup plus
» grandes. Alors l'ami, dont je viens de parler,
» revint une seconde fois et plus vivement à la
» charge. Si votre frère, si votre oncle est
» vivant, nous dit-il, il souhaite sans doute que
» vous vous sauviez; et s'il est mort, il a sou-
» haité que vous lui surviviez. Qu'attendez-vous

» donc ? Pourquoi ne vous sauvez-vous pas ?
» Nous lui répondîmes que nous ne pouvions
» songer à notre sûreté pendant que nous étions
» incertains du sort de mon oncle. L'Espagnol
» part sans tarder davantage, et cherche son
» salut dans une fuite précipitée. Presque aussi-
» tôt la nue tombe à terre, et couvre les mers :
» elle dérobait à nos yeux l'isle de Caprée qu'elle
» enveloppait, et nous faisait perdre de vue le
» promontoire de Misène. Ma mère me conjure,
» me presse, m'ordonne de me sauver de quel-
» que manière que ce soit ; elle me remontre
» que cela est facile à mon âge, et que pour
» elle, chargée d'années et d'embonpoint, elle
» ne le pouvait faire ; qu'elle mourrait con-
» tente si elle n'était point cause de ma mort.
» Je lui déclare qu'il n'y avait point de salut
» pour moi qu'avec elle ; je lui prends la main,
» et je l'oblige à doubler le pas : elle le fait avec
» peine, et se reproche de me retarder. La
» cendre commençait à tomber sur nous, quoi-
» qu'en petite quantité. Je tourne la tête, et
» j'aperçois derrière nous une épaisse fumée
» qui nous suivait en se répandant sur la terre
» comme un torrent. Pendant que nous voyons
» encore, quittons le grand chemin, dis-je à
» ma mère, de peur qu'en le suivant, la foule

» de ceux qui marchent sur nos pas, ne nous
» étouffe dans les ténèbres. A peine nous étions-
» nous écartés, qu'elles augmentèrent de telle
» sorte, qu'on eût cru être, non pas dans une
» de ces nuits noires et sans lune, mais dans
» une chambre où toutes les lumières auraient
» été éteintes. Vous n'eussiez entendu que plaintes
» de femmes, que gémissements d'enfants, que
» cris d'hommes. L'un appelait son père, l'autre
» son fils, l'autre sa femme; ils ne se reconnais-
» sent qu'à la voix. Celui-là déplorait son mal-
» heur, celui-ci le sort de ses proches. Ils s'en
» trouvait à qui la crainte de la mort faisait
» invoquer la mort même. Plusieurs imploraient
» le secours des dieux ; plusieurs croyaient
» qu'il n'y en avait plus, et comptoient que
» cette nuit était la dernière et l'éternelle nuit,
» dans laquelle le monde devait être enseveli.
» On ne manquait pas même de gens qui aug-
» mentaient la crainte raisonnable et juste par
» des terreurs imaginaires et chimériques. Ils
» disaient qu'à Misène *ceci était tombé*, que
» *cela brûlait ;* et la frayeur donnait du poids
» à leurs mensonges. Il parut une lueur qui
» nous annonçait non le retour du jour, mais
» l'approche du feu qui nous menaçait ; il s'ar-
» rêta pourtant loin de nous. L'obscurité re-

» vient, et la pluie de cendres, recommence, et
» plus forte et plus épaisse. Nous étions réduits
» à nous lever de temps en temps pour secouer
» nos habits, et sans cela elle nous eût accablés
» et engloutis. Je pourrais me vanter qu'au
» milieu de si affreux dangers, il ne m'échappa
» ni plaintes ni faiblesse; mais j'étais soutenu
» par cette consolation peu raisonnable, quoi-
» que naturelle à l'homme, de croire que tout
» l'univers périssait avec moi. Enfin, cette
» épaisse et noire vapeur se dissipa peu à peu,
» et se perdit tout-à-fait comme une fumée ou
» comme un nuage. Bientôt après parut le jour
» et le soleil même, jaunâtre pourtant, et tel
» qu'il a coutume de luire dans une éclipse.
» Tout se montrait changé à nos yeux troublés
» encore, et nous ne trouvions rien qui ne fût
» caché sous des monceaux de cendre, comme
» sous de la neige. De retour à Misène, après
» nous être un peu refaits de la fatigue, nous
» passons dans une cruelle incertitude de notre
» sort une nuit partagée entre la crainte et
» l'espérance; mais la crainte était la plus forte;
» car le tremblement de terre continuait, et
» beaucoup de gens, dans un esprit égaré, se
» plaisaient à aggraver leurs maux et ceux des
» autres, par des prédictions effrayantes. Ce-

» pendant, malgré tout ce que nous avions
» souffert et ce que nous avions encore à crain-
» dre, nous n'eûmes pas la moindre pensée de
» nous retirer, que nous n'eussions eu des nou-
» velles de mon oncle. » (*Traduct. de Sacy*).

L'article suivant, a été publié dans plusieurs journaux, au mois de mars 1826, notamment dans le Mercure.

» Voici une nouvelle qui va intriguer bien
» des savants. Une peinture à fresque, décou-
» verte à Pompéi, représente le Vésuve en
» éruption et vomissant des flammes et des tor-
» rents de laves; des processions religieuses
» ont lieu au pied de la montagne. On distingue
» parfaitement dans le lointain le Cap de Misène
» et la ville de Naples. Il faut que le Vésuve
» soit aujourd'hui bien affaissé, car il a dans
» la peinture une hauteur extraordinaire. Il est
» évident que la montagne de la Somma a été
» fournie par les éruptions subséquentes, puis-
» qu'elle ne figure pas dans ce tableau. »

Un Voyageur récent a publié au sujet de ce tableau des observations qui paraissent judicieuses et explicatives.

« Au mois de janvier dernier nous allâmes
» visiter les ruines de Pompéi. Le gardien nous
» conduisit dans une habitation où l'on voyait,

» nous dit-il, la fameuse fresque qui représente
» une éruption du Vésuve. En examinant ce
» tableau, nous crûmes reconnaître que ce qui
» passe pour la représentation des flammes,
» n'est qu'un reste de couleur rouge que le
» temps n'a pas effacé, tandis qu'il l'a détruit
» tout au tour. Cette fresque, comme la plu-
» part de celles qu'on voit à Pompeï, aura pris
» des tons de couleurs différents de ceux que
» ces couleurs avaient primitivement; et de ces
» nuances accidentelles, il résulte un effet sin-
» gulier qui n'appartient qu'au hasard, comme
» souvent un nuage prend la forme d'un arbre,
» d'une montagne, et même d'un animal. La
» partie rouge du tableau, où l'on veut voir
» des flammes, ressemble plutôt à une oriflamme
» qu'aux masses de feu et de fumée que vomis-
» sent les volcans. Rien dans ce tableau n'a le
» caractère d'une éruption volcanique. Les per-
» sonnes à imagination vive et à vue courte
» ont pu seules se faire quelqu'illusion à cet
» égard, parce que la fresque de Pompeï,
» peinte à une aussi grande hauteur, ne peut
» être examinée de près.

» Quant à ce Mont Somma dont les journaux
» ont parlé comme d'une montagne nouvelle,
» c'est au contraire l'ancien Vésuve, décliné,

» abaissé par les éruptions nombreuses qui ont
» eu lieu depuis 79. Le Vésuve actuel s'est
» formé des débris de l'ancien, des laves et des
» cendres lancées en l'air, retombées, amonce-
» lées les unes sur les autres, et qui à chaque
» éruption élargissant leur base, ont fini par
» occuper tout le centre de l'ancien cratère.
» Dans les éruptions ordinaires nous avons vu
» plus d'une fois, au milieu du nouveau cra-
» tère, s'élever de ces cônes presque réguliers
» que les grandes éruptions qui ont formé le
» Vésuve actuel, renversent, brisent en éclats,
» et dispersent en les lançant dans les airs.

VOYAGE A POMPÉI.

De Naples à la Tour de l'Annonciation.

Je partis de Naples le 30 avril 1817 pour me rendre sur le lieu des fouilles de la fameuse autant qu'infortunée ville de Pompéi; je passai par la délicieuse route d'Herculanum, qui, du tombeau de la Sirène, longe l'agréable rivage de la mer, et conduit à la rivière de Sarno. J'étais accompagné du chevalier Philottette, dont les manières sont engageantes, et qui connaît fort bien tous les monuments qui ont été découverts jusqu'à ce jour dans cette ville, rendue à la lumière.

Après avoir passé par quantité de sites enchantés au pied du Vésuve menaçant, dans des campagnes couvertes de beaux villages et d'agréables jardins, tels que *Teduccio*, *Pietra Bianca*, *Porticci*, *Resina* et la *Torre del Greco*; et après avoir foulé les cendres de la fameuse ville d'Herculanum, en arrêtant nos regards sur la masse de pierres et de laves volcaniques qui couvre un espace de douze mille, nous arrivâmes à la Tour de l'Annonciation. Là, nous fûmes bien accueillis par Néarque, notre ami commun, qui nous donna l'hospitalité avec toutes les bonnes manières qui distinguent un galant homme.

Je désirais depuis long-temps faire de nouvelles recherches sur les monuments de Pompéi, et avoir un détail de toutes les découvertes obtenues jusqu'à ce jour; car on n'a dans les livres qui en parlent que des descriptions incomplètes et peu satisfaisantes. Quelques voyageurs ont donné la notice des monuments isolés qui ont le plus attiré leurs regards; ils sont entrés dans les détails minutieux de leurs descriptions, et ont même décrits tous les accesssoires. Des auteurs étrangers en grand nombre composent cette classe; leurs ouvrages portent les titres d'Observations, de Lettres ou de Voyages. Les plus estimés sont *Barthelemi*, *Richard*, *Fougeroux de Brosses*, *Seigneux*, *Winckelmann*, *Dupaty*, *Caylus*, *Cochin*, *Requier*, *Hamilton*, *Gory*, *Maffey*. Nous avons en outre les Mémoires de l'Académie de Paris, les Actes de l'Académie de Naples, les Transactions Philosophiques, et beaucoup d'autres. Quelques écrivains voulant embrasser le détail général des découvertes, l'ont renfermé dans un cadre étroit et tronqué. C'est ainsi que le Voyage Pittoresque, composé par M. de St.-Non, a été conçu. On y lit une courte description de Pompéi et de différents monuments découverts alors. Des dessins y sont joints, mais ils sont en grande partie défectueux, comme celui du Temple d'Isis, de la Caserne, du Tombeau de Memmia, du fameux Temple grec, et de quelques autres. La publication de l'ouvrage de M. *Delalande*, suivit de près celle du Voyage Pittoresque de M. de St.-Non. Il s'occupa à décrire le temple d'Isis, et signala le premier théâtre qu'on venait alors de découvrir, et la colonnade en portique qu'il crut être une caserne militaire ; il donna aussi une description générale des maisons et des rues de Pompéi. Parmi nous autres Italiens, le fameux *Galanti* nous donna une esquisse de cette ville dans son ouvrage intitulé : *Description de Naples et de ses environs*. Mais il n'a pas eu la prétention de tracer aux voyageurs un itinéraire complet, ni de faire connaître les plus beaux monuments, qui alors n'étaient pas découverts. Après lui le Seigneur *d'Ancora* a publié un *prospectus d'Herculanum et de Pompéi*, pour servir de guide aux étrangers ; et quoique son ouvrage soit très-savant, il laisse à désirer toutefois des détails plus exacts, et des notions sur quantité de monuments qu'il passe sous silence. Je ne parle pas de nos écrivains plus anciens que lui, qui, s'ils avaient connaissance du désastre de la ville infortunée de Pompeï, ignoraient au moins le lieu où elle gissait, et ne purent jamais déterminer son enceinte. Quels renseignements sur cette ville offraient-ils en effet à leurs lecteurs ? *Capaccio, Falco, Pellegrino, Sanfelice, Momille, Celano, Sernelli* et d'autres encore, ont désigné tantôt le site de *Scaffati* sur la rive moderne du Sarno, tantôt la Tour de l'Annonciation ou le pied du Vésuve, ou un lieu plus rapproché encore de Naples, pour celui qu'occupait Pompeï ; et quoique Capaccio et Pellegrino sussent bien qu'il existait au-delà de la *Torre* un endroit qu'on appelait *Civitas*, ils crurent toutefois qu'il s'agissait de l'ancienne ville de *Taurania*, ou de *Tora*, ou de *Cosa*, et l'idée que c'était Pompeï ne leur vint nullement à l'esprit ; cependant une fois Capaccio parut prêt à nommer cette cité. Je suis étonné de leur ignorance à l'égard de la situation de Pompeï ; car ces écrivains n'étaient pas sans doctrine, et dès leur temps des pans de murs, des marbres, des colonnes qui paraissaient çà et là, et surtout le temple d'Hercule, d'architecture grecque, et qui était à découvert depuis des siècles, devaient être des guides pour eux. Ajoutons que Nicolas d'Alagny, père de la fameuse Lucrèce d'Alagny, créé par le roi Alphonse Ier comte de Sarno, fit creuser un aqueduc qui dut traverser tout le plan de Pompéi pour conduire l'eau jusqu'à la Torre. Il rencontra pour exécuter cette opération, des temples, des maisons, des rues, des réservoirs, et d'autres monuments renversés, dont il fit même usage des matériaux. Bien plus, pour ne pas ruiner ce qui restait des édifices, il eut l'attention de faire faire des excavations souterraines en forme de grottes, comme sous le temple d'Isis, où tout le monde peut vérifier à quel point il a concouru à la conservation de ce monument (1). La situation de Pompéi était-

---

(1) Tandis que l'on fouillait pour établir cet aqueduc on trouva les deux inscriptions suivantes citées par mon compatriote Capaccio, *H. N.* cap. liv. 2, cap. 9, et après lui par Reinesius, *Clas. I*, n. 18, c. VI, n°. 61.

IMPERIO VENERIS PHYSICÆ
IOVI O. M.
ANTISTIA METHE ANTISTI
PRIMIGENI EX D. D.

elle donc alors si difficile à deviner? Enfin quelques fouilles exécutées en 1689, comme le dit *Bianchino, à environ un mille de la mer, sur le flanc oriental du Vésuve*, déterminèrent plus ostensiblement cette grande découverte. On recueillit des inscriptions parmi les choses précieuses que l'on déterra, qui fesaient une mention expresse de Pompéi. Elles sont placées dans le musée du comte *Francesco Piacchiati*, antiquaire distingué.

Et cependant après des indices aussi clairs, aussi patents, tous les écrivains qui ont parlé de la découverte de Pompéi, l'ont attribuée au hasard, et racontent que quelques agriculteurs éveillèrent l'attention du gouvernement par la rencontre d'un petit Priape et d'un trépied à travers différentes ruines près du fleuve Sarno; que ces objets mis au jour excitèrent le génie auguste du roi Charles de Bourbon, qui incontinent ordonna des fouilles régulières au moyen

---

Cette autre se trouva fixée à une porte :
M. LVCRETIVS L. F. DEC. D.
RVFVS. DEC. DEC.

Antistie Méthe, fille d'Antistius, par un décret des Décurions a consacré ce monument à Vénus physique, et à Jupiter très-bon et très-puissant.

M. Lucretius, fils de L. Rufus, par un décret des Décurions.

desquelles on vit apparaître la cité de Pompéi.

Il y a de la vérité dans ce récit, mais il est un témoignage de l'insouciance que les érudits ont apportée dans la recherche des antiquités de notre patrie, ou, pour le dire nettement, de leur indolence à apprécier les données qu'ils avaient déjà, et à se déterminer d'après elles à commencer les fouilles. Mais ce qui n'est pas moins merveilleux, ce fut après que les découvertes, ordonnées par le roi, furent faites, de les entendre raisonner sur le nom que l'on devait donner à la ville qui venait d'être mise au jour. Etait-ce bien Pompéi? Il leur fallut faire une longue et sérieuse étude de *Strabon*, *Méla*, *Senèque*, *Dion*, l'un et l'autre *Pline*, *Fleurus*, *Marziano Capella*, et beaucoup d'autres qui en avaient non-seulement donné la description, mais en avaient fait un tableau, de manière à ne pas s'y méprendre. Ecoutons *Sénèque*, qui mourut sous le règne de Néron, dans le liv. VI de ses *Questions Naturelles*. Il raconte le tremblement de terre, arrivé l'an 63 de l'ère chrétienne, qui fut la cause du premier désastre de Pompéi et de toutes les autres villes de la Campanie.

« Pompeios celebrem Campaniæ urbem, in
» quam ab alterâ parte Surrentinum, Stabianum

» littus, ab alterâ Herculanense conveniunt,
» mare que ex aperto conductum amœno sinu
» cingit, desedisse terræ motu, vexatis quæ-
» cumque adjacebant regionibus, audivimus.
» Herculanenseis, oppidi pars ruit. Dubie que
» stant etiam quæ relicta sunt. Adjiciunt his
» sexcentarum ovium gregem exanimatum et
» divisas statuas.

Nous avons appris que Pompéi, célèbre ville de la Campanie, située d'une part entre les territoires de Surrentinum et de Stabie ; de l'autre d'Herculanum ; que la mer embrasse dans d'heureuses sinuosités ; vient d'être détruite par un tremblement de terre, ainsi que ses environs. Une partie de la ville d'Herculanum est renversée, ce qui en reste est fortement ébranlé, des troupeaux de plus de cinq cents bêtes à laine ont été étouffés, et des statues brisées.

Comment pouvait-on donc douter du site de Pompéi placé entre *Stabie* et *Herculanum*, sans aucune autre ville avec laquelle on puisse la confondre ; et qui après avoir éprouvé les désastres du terrible tremblement de terre de 63, fut seize ans après, la première année du règne de Titus Vespasien, l'an 79e de l'ère chrétienne, entièrement ensevelie sous les cendres du Vésuve, par l'effet de la plus terrible et de la plus fatale éruption de ce volcan, depuis lors jusqu'à nos jours? et cependant le doute s'empara de tous les esprits, et fut long-temps à se dissiper.

L'Académie, fondée par notre glorieux monarque à la suite de ces premières découvertes, pour en perpétuer les monuments ainsi que ceux d'Herculanum et de Stabie, en les éclairant de dissertations savantes, fit enfin évanouir le nuage qui cachait encore le nom de Pompéi. Nous devons à cette réunion d'érudits, le bel ouvrage connu sous le titre d'*Antiquités d'Herculanum*, dont le luxe typographique, l'exactitude des recherches, la profondeur des observations, ont fait un livre réellement classique.

Les objets extraits des fouilles de ces malheureuses villes, font l'ornement du Musée Royal de Bourbon; Musée unique sur la terre par la prodigieuse variété qu'il offre en peintures, sculptures, bronzes, marbres, verres, vases, papyrus, médailles, inscriptions, instruments d'arts et de luxe, et ustensiles les plus nécessaires dans l'usage de la vie, dont on n'avait eu aucune idée jusqu'à leur découverte. A leur aspect, le voile épais qui couvrait la vénérable antiquité se déchira; les talents nationaux se reveillèrent et se livrèrent à d'utiles investigations ; les arts y gagnèrent en perfectionnement, et une foule d'étrangers, attirés par la curiosité, vinrent visiter ces grands monuments, et dépenser dans nos foyers une partie de leur fortune.

Non-seulement les étrangers, mais tous le amants de l'antiquité qui habitent en Italie, n'ont pas cru pouvoir se dispenser d'accourir voir Pompéi, qui seule, placée entre Herculanum et Stabie, offre, par sa découverte, l'ensemble d'une cité, et présente aux érudits tout ce qui peut satisfaire leur curiosité. Quel spectacle en effet plus agréable et plus singulier à-la-fois que de voir debout les murs de cette ville ; de marcher dans ces rues ; de visiter ces temples ; d'entrer dans ces théâtres ; de franchir le seuil de ces maisons, où dix-huit siècles auparavant habitaient les hommes les plus illustres de la terre ! Nos idées s'agrandissent à ce sublime aspect ; et il nous semble embrasser dans notre vie le passé et le présent. Ce spectacle sera encore plus grand quand le plan entier de la ville sera mis à découvert ; moment désiré par tout le monde, et pour lequel, il faut le dire, on n'épargne ni dépense, ni activité, ni attention. Pleins d'ardeur dans notre entreprise de visiter Pompéi, nous partîmes le jour suivant, le chevalier Philottéte et moi, de la Tour de l'Anuonciation, et voici notre itinéraire.

De la Tour de l'Annonciation à Pompéi. — Bourg d'Augustus Felix.

A la distance d'un mille et demi de la Tour de l'Annonciation, nous rencontrâmes sur la route royale, qui conduit de Naples à Salerne, un pilier sur lequel était écrit : **VIA DI POMPEI**. Arrivés là, nous quittâmes la route royale, et nous dirigeant à main gauche par un sentier, à la distance de quelques pas, ayant franchis une colline peu élevée, nous rencontrâmes une barrière en bois qui ferme l'entrée de Pompéi. A peine nous fut-elle ouverte par les soldats préposés à sa garde, que nous mîmes le pied sur l'antique voie consulaire, entièrement conservée, et qui conduisait de Capoue et de Naples à Pompéi et à d'autres villes voisines. Le terrain que nous foulions était proprement celui du bourg ou village, appelé *Augustus-Felix*, composé de différentes maisons de campagne, dont deux sont présentement découvertes et exposées aux recherches et à la curiosité des voyageurs. Quand on reprendra les fouilles de ce côté, il est certain qu'on y trouvera encore nombre d'habitations semblables; toute la forme du terrain parait l'indiquer.

Maison de campagne de l'affranchi M. Arrius Diomedes dans le bourg d'Augustus Felix.

En portant nos regards du côté droit, dès notre introduction dans la voie consulaire, nous y vîmes la première maison du village d'Augustus-Felix, rendue à la lumière. Elle appartenait à l'affranchi M. Arrius Diomèdes. On y monte par quelques degrés revêtus de grandes briques et embellis par deux petites colonnes latérales. Aussitôt on rencontre l'avant cour; elle consiste dans un vestibule découvert, que les anciens appelaient *impluvium* ou *cavœdium*. Le vestibule est entouré de quatorze colonnes de briques revêtues de stuc, qui formaient un portique, ou péristile couvert, sous lequel on pouvait circuler des quatre côtés, sans crainte de la pluie. Le pavé est une mosaïque composée de petites pièces de briques et de marbre blanc; dans le centre de la cour découverte était placé un grand échenet de marbre bien taillé en forme de carré long, pour recevoir l'eau de la pluie qui tombait du toit du portique; cet échenet la rendait par quelques ouvertures à deux citernes garnies de margelles de puits en pierre d'une petite dimension, où sont encore empreints les passages de la corde qui servait à puiser l'eau. Un goût uniforme de construction a fixé ce vestibule, ou *cavædium*, dans le centre de toutes les maisons romaines : c'est de là que partent toutes les différentes distributions du logis et des appartements latéraux ; c'est de cette cour qu'ils reçoivent aussi la lumière.

Après avoir bien observé *l'impluvium* ainsi que l'ordre d'architecture qui aboutit à ce centre commun, nous sommes entrés dans la première pièce, qui est un grand salon, appelé par les Latins *exedra* ; il est oblong, entièrement ouvert du côté de la mer ; c'est dans cette pièce que les anciens recevaient et fesaient en été la méridienne. De là nous sommes passés dans une galerie fort longue et ouverte, appelée *basilica*, qui communiquait le jour aux appartements voisins ; là les visiteurs et les clients attendaient leur tour pour être introduits, cette pièce servait aussi de salle de danse. Au bout de la *basilica* est une terrasse *ipètre*, ou découverte, embellie de marbres blancs ; elle domine sur le jardin ; la vue s'étend sur la mer ; elle règne sur les trois côtés d'un grand portique, sur lequel elle est établie.

Revenus sur nos pas jusqu'à l'*impluvium*, ou cour ouverte en forme de péristile, nous entrâmes à main droite dans le *nymphœum*, ou petite salle de bain entourée de colonnes de stuc, proportionnées à la localité. Cette pièce est peinte en jaune; le pavé qui est fort beau, est une mosaïque, et à l'un des côtés on voit une petite cuisine avec un fourneau propre à faire réchauffer des breuvages. On y voit encore la cuve qui sert à prendre les bains, appelée *baptisterium*; elle est construite en briques, revêtues de marbres; il y a quelques marches pour pouvoir y descendre, et l'on apperçoit dans le mur la place où étaient les tuyaux qui y apportaient l'eau nécessaire.

Passant à la seconde chambre, nous y vîmes avec un étonnement qui ne peut se dépeindre la singulière construction d'un long fourneau, qui servait à réchauffer l'eau au degré que l'on jugeait convenable pour le bain. On remarque aussi avec curiosité dans cette pièce l'*ipocaustum*, ou le récipient du feu avec son *prefurnium*, ou son ouverture. Trois vases de cuivre, placés l'un sur l'autre, y fesaient saillie, se communiquant la chaleur avec des degrés différents. C'est par ce moyen que les anciens obtenaient trois espèces d'eau pour leurs bains, la *caldaria*, la *tepidaria* et la *frigidaria*, comme le décrit *Vitruve*, liv. *V*. Il suffisait d'ouvrir le tuyau conducteur en plomb qui communiquait avec le vase dont on voulait se servir.

A l'étage supérieur une petite chambre est érigée au-dessus de celle des bains, avec une niche en voûte de forme conique ; elle a vue sur le jardin par une fenêtre étroite, placée au centre ; cette chambre est remplie de peintures et de tableaux en stuc, une seconde baignoire, ou *baptisterium*, occupe le côté opposé. Mais notre surprise fut complète en remarquant que le pavé de cette chambre est établi sur le long fourneau de l'*hypocaustum*, au moyen de quelques briques disposées en long sur des voûtes qui les supportent. Voilà le *suspensura* de *Vitruve* qui voulait que par une inclinaison sur la bouche du four (le *præfurnium*), on rassemblât la flamme en en diminuant le volume. Ainsi pour donner à cette chambre un degré extrême de chaleur, si on le voulait, nous remarquâmes qu'on avait établi des conduits de chaleur le long des murailles de bas en haut, au moyen de tuiles plates espacées, et que dans le pavé il y avait des ouvertures pratiquées pour servir de passage à la flamme et à la chaleur.

La voûte conique était un autre moyen de conserver la chaleur dans cette pièce : c'était là le *sudatorium*, le *laconicum*, ou étuve à faire suer, d'une construction on ne peut pas plus ingénieuse. Il suffisait de se tenir un moment dans cette pièce pour répandre une quantité de sueurs, et comme dans la pièce inférieure l'*alveus* ou *baptisterium* on prenait le bain chaud *calida lavatio*; en élevant ensuite le degré de chaleur de cette eau, on s'en servait dans l'étuve supérieure pour obtenir, au moyen de l'ébullition, cette évaporation que Vitruve appelle *flammœ* et *vaporis vis*. Tant de procédés pour concentrer la chaleur dans le *laconicum* devaient en faire une vraie fournaise; pour en tempérer l'ardeur par l'introduction de l'air atmosphérique, on ouvrait probablement la fenêtre dont nous avons parlé; mais du reste elle ne paraissait propre qu'à cet usage, car cet appartement était tenu dans l'obscurité : on peut le conjecturer en voyant dans le mur la place réservée pour déposer une lampe qui devait éclairer cette pièce et la suivante.

C'était dans cette dernière, qu'après avoir usé de toutes les espèces de bains, on venait s'essuyer et se parfumer. On l'appelait l'*unctorium*. Nous y vîmes encore des sièges. Un domestique qui assistait aux bains y recevait le baigneur avec le frottoir *strigilis* et la petite fiole *Guttum* : le frottoir lui servait à emporter l'humidité ; il était composé de petites lames oblongues et recourbées d'un pouce de large, en or, en argent, en ivoire, en bronze ou en autre matière, avec lesquelles on enlevait toute la sueur ; ensuite on versait du *guttum*, quelques gouttes d'huile odorante qu'on étendait sur la peau. A la fenêtre de cette chambre qui donne sur le jardin, on a trouvé placées dans un chassis de bois, réduit en charbon, des vîtres unies d'un palme de largeur. Cette découverte a décidé la question depuis long-temps agitée par les antiquaires, de savoir si les anciens connaissaient l'art de faire du verre, et s'ils se servaient d'autre chose pour introduire la lumière que de pierres diaphanes.

Une autre chambre qui servait d'entrée à celle-ci du côté du vestibule, s'appelait l'*apoditerium*, c'est-à-dire salle destinée au baigneur pour se déshabiller et s'habiller.

Ces trois salles situées de plein pied, outré les noms qui caractérisaient leur usage particulier, se nommaient encore comme les trois vases dont j'ai parlé plus haut, *calidaria*, *tepidaria* *frigidaria*. C'était une gradation salutaire dont usaient les baigneurs pour éviter de passer de suite du chaud au froid. Ils regardaient comme nécessaire, en sortant du *laconium*, ou salle de bains chauds, d'entrer dans l'*untorium*, ou salle dont l'atmosphère était tiède, et de celle-ci dans l'*apoditerium*, où l'air était rafraîchi. Au moyen de cette gradation, on arrivait sans danger à l'air extérieur. L'ensemble de ces bains parait avoir été construit sur la description que donne Vitruve; c'est la même forme, la même répartition et la même grandeur; aussi en présence de cet édifice nous avons pu facilement expliquer et bien comprendre ce qui jusque-là nous avait paru obscur dans sa description.

Tel était donc l'établissement de bains, appelé par les anciens *balneum*, *cella balnearia*, *et thermæ*, à cause des eaux qu'on pouvait y chauffer à différents degrés de température. au moyen du *sudatorium* et de l'*untorium*, on fesait de ces bains un objet de plaisir et de délices. Pour les anciens, le bain était la jouissance la plus exquise. Ils se baignaient et rebaignaient plusieurs fois, autant pour leur satisfaction que pour entretenir la propreté. L'empereur *Commode* usait des bains plus de sept fois dans un jour; et *Lampridius* atteste qu'*Héliogabale* nageait dans des étuves odorantes, remplies de parfums ou de safran : *non nisi unguento nobili, aut croco piscinis infectis natasse.*

La partie de la maison destinée pour le sommeil, ou le *cubiculum*, est composée de trois chambres; leur entrée est comme pour toutes les autres divisions de l'habitation, par l'*impluvium*. Dans la première qui représente un *Emicicle*, il y a trois larges fenêtres qui donnent sur le jardin, dont nous avons précédemment parlé. L'usage était de placer le lit sur un gradin en marbre, dans un encaissement de mur qui l'enfermait de trois côtés; devant il était clos par un rideau, ou *conopeum*, dont nous reconnûmes les anneaux en bronze ramassés à terre. Nous remarquâmes une encoignure dérobée à la vue, où l'on avait trouvé des vases ayant une anse, propres à contenir des liquides; de cet appartement une porte conduit au jardin en traversant plusieurs cabinets.

Au côté gauche de la galerie et des arcades couvertes, était l'entrée d'un autre appartement plus intérieur et plus secret; là on observait une longue suite de chambres, à cette heure toutes renversées; ce devait être le *gineceum*, ou l'habitation des femmes dans la partie la plus cachée : la *culina* (cuisine), le *cenaculum* (le cénacle, ou salle à manger), le *triclinium* (autre salle à manger), le *dispendium* (la salle de peine, ou la dépense); toutes pièces dont la réunion s'appelait *conclavi*, parce qu'on les fermait sous une seule clef.

On voyait un autre appartement dans la partie des édifices opposés à l'*impluvium*, vis-à-vis les chambres à coucher ; il n'en reste que quelques pièces qui sont, comme toutes les autres, sans toitures. On peut croire qu'en ce lieu était l'*andron*, ou l'habitation des hommes ; le *tetrastylos*, ou petite salle de récréation ; le *lararium*, ou l'oratoire ; la *bibliotheca*, ou la salle des livres ; le *tablinum*, ou le dépôt des chartres ; le *pinacotheca*, ou le musée des tableaux.

Nous comptâmes alors de combien de chambres étaient composées ces cinq divisions d'appartement. Il y en avait plus de trente. En général la maison d'Arrius Diomèdes peut être mise au nombre des plus grandes et des plus belles habitations de Pompéi : son architecture est régulière ; la maçonnerie est composée d'un tuf gris brun, de pierres volcaniques, et de quantité de pièces de marbre.

On descend par deux escaliers à l'étage inférieur, qui est le rez-de-chaussée ; il consiste en huit chambres, peintes à fond rouge, (ainsi qu'elles le sont toutes), ayant des voûtes. L'une d'elles, à main gauche, offre le travail extraordinaire et digne d'admiration d'une quantité de petites armoires en stuc, incrustées dans ses murs. Dans quelques-unes de ces chambres on remarque une grande variété de figures peintes avec art, des morceaux d'architecture singuliers (1); et dans l'une coulait abondamment une fontaine, dont l'eau par des canaux souterrains était introduite dans la pêcherie du jardin. En général les chambres de cette maison et de la plupart de celles de Pompéi sont petites, sans fenêtres sur la rue, mais seulement sur le jardin, ou sur l'*impluvium* ; leurs pavés sont tous en mosaïqués, de dessins plus ou moins élégants.

De ce rez-de-chaussée on descend par les deux côtés opposés à un souterrain ou corridor à trois angles ; il correspond au portique supérieur dont nous parlerons. Ce corridor est tout revêtu d'un enduit très-dur, et orné de stuc ; on peut aisément conjecturer pour quel usage étaient rassemblées avec symétrie dans ce

---

(1) On trouve à l'Imprimerie Royale à Naples, en deux volumes in-folio, les gravures des différents tableaux et dessins qui ont été enlevés ou arrachés de dessus les murs de cette maison, et de quantité d'autres. Ce sont les Académiciens d'Herculanum qui ont livré au public cette collection.

lieu frais une quantité d'amphores de gré, terminées par un goulot.

Un peu de lumière y est introduite par certains soupiraux, qui ouvrent sous le portique dont nous avons fait mention. Dans cette *cella vinaria*, ou cave, on a trouvé dix-sept squelettes des infortunés habitans de la maison qui y cherchèrent un asile à l'époque de l'éruption qui couvrit de cendres toute la ville. Parmi ces squelettes était celui d'une dame qui avait des colliers et des bracelets en or. On a lieu de présumer que c'était la maîtresse du logis avec toute sa famille, dont aucune personne n'échappa. J'ai vu dans le musée royal de *Porticci* l'empreinte de cette dame sur les cendres consolidées qu'on y conserve. On peut y distinguer encore les formes de son sein, et y remarquer les lambeaux du vêtement fin et élégant qu'elle portait.

Remontés de la cave au rez-de-chaussée, nous entrâmes aussitôt dans le jardin qui est à son niveau. Il consiste en un carré long où l'on retrouve encore la trace des anciens sentiers ainsi que des racines de plantes et de troncs d'arbres de ce temps-là, et un péristile, ou plutôt un portique qui avait été couvert et qui l'entoure de toute part avec ses piliers en stuc, subsistant encore. Ces portiques, au rez-de-chaussée, servaient de lieu de récréation aux esclaves, et protégeaient du soleil ceux qui voulaient s'y réfugier. Du centre du jardin, s'en élève en quelque sorte un autre supporté par six colonnes latérales qui soutenaient aussi une treille; non loin de là, nous vîmes une grande pêcherie entourée de marbres, au milieu de laquelle était une fontaine avec différents jets d'eau. La sortie pour aller à la campagne était à l'extrémité de ce jardin; la porte subsiste encore. On trouva dans ce lieu le squelette du maître de la maison, ayant une clef dans une main, et dans l'autre de la monnaie, des chaînes et autres joyaux en or. Derrière lui venait un domestique qui rentrait quelques vases d'argent et de bronze. Ces malheureux ayant tardé à fuir la pluie volcanique, ont été atteints par les cendres et les petites pierres qui les ont couverts.

Après avoir examiné le jardin, nous gagnâmes l'étage supérieur au moyen d'un autre escalier, et de là, par la porte qui nous avait servi d'abord à nous introduire, nous nous reportâmes sur la voie consulaire. De cette maison à la porte de Pompéi, le terrain est occupé par le cimetière public de l'un et de l'autre côté du chemin. Nous demeurâmes dans l'admiration en voyant tant de tombeaux, tant d'inscriptions, et tant d'élégance dans ces monumens de la mort. En voici la description.

Tombeaux de Pompéi.

On voit à main gauche, en sortant de la maison, d'Arrius Diomèdes, en face de cette maison, le premier tombeau érigé à cette famille. Les inscriptions qui peuvent encore s'y lire, nous ont conservé les noms de son antique chef et de ses descendants qui y ont été déposés. Sur le monument tumulaire le plus élevé, consistant en un frontispice embelli de stuc, on lit :

M. ARRIVS D. L. DIOMEDES
SIBI SVIS MEMORIAE
MAGISTER PAG. AVG
FELIC. SVBVRB.

Marcus Arrius Diomèdes, affranchi de Caïus, magister du bourg d'Augustus. Felix, à sa mémoire et à celle de sa famille,

Les deux têtes en marbre blanc à peine ébauchées, que les anciens avaient coutume de placer par honneur sur les tombeaux, subsistent encore sur celui-ci; l'une est celle d'un homme, l'autre d'une femme; derrière la tête de l'homme, qui était un fils aîné, était l'inscription suivante:

M. ARRIO PRIMOGENI

A Marcus Arrius l'aîné.

Et derrière la tête de la femme, qui était la neuvième fille.

ARRIAE. M. F.
———
VIIII.

A Arria, neuvième fille de Marcus.

Une autre inscription se lit sur le mur inférieur du monument; elle concerne la perte d'une autre fille.

ARRIAE M. F
DIOMEDES L. SIBI SVIS.

Diomède, l'affranchi, à Arria, sa fille, à lui et à sa famille.

Autour de ce grand monument on voit plusieurs tombeaux, en forme de petits temples, qui paraissent appartenir à la même famille.

De la première inscription, on doit inférer

que, dans ce lieu, était situé un bourg, ou village, tenant à Pompéi, appelé le bourg d'*Augustus Félix*, dans lequel était bâtie la *Villa*, ou maison de campagne de la famille *Arrius*, et spécialement de *Marcus-Arrius Diomèdes*, affranchi de Caïus, magister du bourg dépendant de la ville, et qui portait le nom d'*Augustus Félix*. Mon opinion est établie encore sur la découverte d'une petite colonne, terminée par un buste en marbre, ayant une tête en bronze, dont parlent les académiciens d'Herculanum, dans leur dissertation *isagogique*. L'épigraphe, incrustée sur cette colonne, fesait connaître que le buste offrait l'image de *Caïus-Norbanus Sorex*, acteur secondaire de tragédies, magister du bourg suburbain *Augustus Félix*, par décret des Décurions.(1)

C. NORBANI SORICIS
SECVNDARUM
MAG. PAGI AVG. FELICIS
SUBURBANI
EX D. D. LOC. D.

---

(1) L'érudit M. *Millin* a beaucoup parlé de ces Tombeaux et d'autres que nous allons décrire. M. *de Clarac* les a également fait connaître dans deux dissertations, imprimées à *Naples*.

L'ouvrage de M. *Mazois*, grand in-folio, intitulé les *Ruines de Pompéi*, avec de superbes planches gravées à *Rome*, et dont nous avons eu déja sept livraisons, mérite aussi d'être consulté sur ces découvertes.

Caïus Norbanus Sorex, acteur des seconds rôles, magister du F. B. Augustus Félix. Lieu donné par le décret des Décurions.

Nous vîmes, près des monuments funèbres de la famille *Arrius*, une inscription en grand caractère sur un mur de soutenement, mais sans tombeau, qui contenait les mots suivants :

N. VELASIO GRATO
VIX. ANN. XII

N Velasius Gratus vécut douze ans.

A côté de la maison de campagne d'*Arrius Diomèdes*, du côté droit, on rencontre un portique quadrangulaire et une petite enceinte découverte, dont les murs, qui l'entourent, imitent un réseau. Les murailles en sont peintes à fresque ; on y voit des figures d'oiseaux, de cerfs, et d'autres emblêmes de mort ; au milieu est un appareil de chambre à manger, qui consiste en une table d'un usage antique : c'est un monticule, ou carré long, recouvert autrefois de marbre, (il en a été enlevé) avec trois lits, ou siéges en maçonnerie, garnissant trois de ses côtés, et servant aux latins à s'étendre autour de la table : manière de prendre position, qu'ils appelaient *accubare*. C'est là que se célébrait le *Silicernium*, ou le repas funèbre, dont quantité d'auteurs ont fait mention. Du côté de la table, où il n'y a point de sièges, est une petite colonne de brique avec une ouverture au milieu; c'était peut-être pour y placer la statue du défunt.

Non loin de cette salle à manger, du côté gauche, parmi tant d'autres tombeaux réunis, s'élève celui de *C. Céjus*, inscrit à la tribu *Menenia*, et celui de *Labeone*, deux fois appelé aux fonctions de *Duumvir*, pour l'espace de cinq ans, dans l'ordre judiciaire. Le monument que nous avions sous les yeux, lui avait été élevé par son affranchi *Menomacus*. Beaucoup de descriptions, trouvées à Pompéi, font connaître qu'il y avait des affranchis très-riches. C'est près de ce monument, qu'en 1813, fesant une fouille, les ouvriers trouvèrent deux statues de pierres du Vésuve, grossièrement travaillées, sans têtes, et que l'on voit aujourd'hui sur le terrain. Ce tombeau de *Labeone* consiste dans une masse carrée et élevée, qui a été autrefois remarquable sans doute par ses bas-reliefs de stuc; mais présentement il n'en reste plus de traces. Ce monument est sans caveau, son sommet a été très-endommagé par les racines des arbres et des vignes qui végétaient au-dessus. Il est probable que jadis une statue le surmontait. On en a trouvé un grand fragment de marbre blanc en déblayant les cendres amoncelées près de ce tombeau. Une table de marbre blanc bien conservée, et présentement placée au Musée-Royal, a été débarrassée des décombres ; elle contient l'inscription suivante :

C. CEIO L. F. MEN L. LABEONI
ITER. D. V. I. D. QVINQ
MENOMACHVS. L.

Menomachus l'affranchi, à Caius Ceïus, Labeon, fils de Lucius, de la tribu Menenia, seconde fois duumvir pour rendre la justice pendant l'espace de cinq ans.

En tournant du côté droit, partant du *Triclinium*, ou salle à manger, ci-dessus décrite, on rencontre le tombeau de l'affranchie *Nevoleja-Tiche*, qui, de son vivant, fit les frais de ce monument pour elle et pour *Caïus-Munacius Faustus Augustalis* et *Pagamus*; c'est-à-dire du Bourg *Augustus Felix*, à qui les Décurions, du consentement du peuple, avaient décrété le *bisellium*, ou siége à deux personnes, comme on le lit dans la belle inscription de la façade du monument.

NÆVOLEIA T. LIB TICHE SIBI ET
C. MVNATIO FAVSTO AVG. ET PAGANO
CVI DECVRIONES CONSENSV POPVLI
BISELLIVM OB MERITA EJVS DECREVERVNT
HOC MONIMENTVM NÆVOLEIA TICHE
LIBERTIS SVIS
LIBERTABVSQ. ET. C. MVNAT. FAVST
VIVA FECIT.

Nævoleja Tiche, affranchie de Julie, a érigé, de son vivant, ce monument pour elle et pour Cajus Munatius Faustus Augustaux, et habitant de ce bourg, qui a mérité que les Décurions, du consentement du peuple, lui donnassent la décoration du Bisellium; elle l'a érigé aussi pour ses affranchies et affranchis.

Ce tombeau consiste en un grand bloc de marbre taillé en carré long, soutenu par deux gradins, qui ont, pour appui, de grosses pierres volcaniques de la même étendue. Il est décoré, sur ses angles, d'ornements fort nobles, et surmonté d'une corniche élégante. Deux groupes de feuillages terminent ses deux côtés les plus éloignés. Dans les ornements supérieurs en sculpture, on remarque le buste de *Nævoleja*, ayant des pendans à ses oreilles; au-dessous de l'inscription que nous avons transcrite, est un bas-relief, représentant un sacrifice; on y voit dans deux groupes dix-huit personnages. Dans le centre sont deux jeunes hommes, posant l'offrande sur l'autel. Du côté opposé, qui est en regard de la porte de Pompéi, est figuré le *bisellium* : c'est un grand siége oblong, soutenu par quatre pieds, sans dossier, couvert d'un coussin, avec des franges pendantes. Par la sculpture de ce *bisellium*, nous avons su enfin ce qu'était cette récompense; il en est souvent parlé dans Guttery et dans d'autres recueils d'antiquité; mais jusqu'à ce temps la sagacité des antiquaires s'était exercée vainement à en chercher l'explication, particulièrement *Chementellio*. Nous savons à présent que ce privilége honorifique consistait à s'asseoir, aux fêtes publiques et dans les réunions populaires, sur un siége à deux places, ou *bisellium*. Le côté du monument en marbre qui regarde le septentrion, représente une barque avec deux mats, l'un dressé, l'autre penché; au faîte du premier, une voile carrée est attachée; on voit au timon un homme assis, portant des cheveux courts : il est vêtu d'une tunique qui descend à peine à ses genoux. Deux jeunes hommes nuds sont cramponnés au mât penché, comme s'ils voulaient amener la voile, tandis que deux autres se laissent couler sur les cordes, et qu'un troisième, vêtu d'une courte tunique, et debout, les réunit. La barque est terminée par une tête de Minerve du côté de la poupe, et par une tête d'oie, emmanchée sur un long col du côté de la proüe ; le navire est sans rames. Un pareil emblême, sculpté sur un tombeau, semble bien exprimer que ce n'est qu'après avoir souffert de la tempête que l'homme termine sa vie au port.

Après ces visites extérieures du monument, nous pénétrâmes dans son enceinte par une porte fort basse ; des murs, soutenus par des petites pyramides, précédent l'entrée du caveau, qui nous fut ouvert, et que nous trouvâmes bien conservé. C'est un espace d'environ six pieds carrés, où nous observâmes deux rangs de niches, ou placards ; cinq dans la partie supérieure, et six au niveau du terrain. Dans la plus grande de ces niches, vis-à-vis l'entrée, on a trouvé une grande amphore d'argile avec une quantité de cendres et d'os qu'on a amoncelés sur un entablement qui règne tout au tour du caveau. On présume que ce sont les restes de *Nævoleja* et de *Munatius* réunis. Quatre autres urnes de rosette fort communes, ayant leur couvercles, contenaient des résidus semblables d'autres individus. Aujourd'hui ces urnes sont placées sur l'entablement. Auprès de chacune d'elles, on avait trouvé une lampe d'argile, et dans une partie de ce caveau, une quantité d'autres lampes. Parmi ces débris de la mort, on remarqua des monnaies de bronze, destinées à solder le fatal passage. Mais la découverte la plus singulière que l'on fit dans l'intérieur de ce monument, fut celle de trois vases de verre à large ventre, qui étaient renfermés dans autant de vases de plomb, garnis de couvercles en verre bien lutés. Ces vases ont des anses attachées à leur col étroit, et qui figurent à peu près la lettre M.; Ils étaient pleins d'eau, dans laquelle nageaient des os brûlés; des sédiments de cendres reposaient au fond, ainsi que des substances animales, suivant l'opinion de M. Louis *Sementini*, qui leur a fait subir une analyse chimique. Je serais porté à croire que c'étaient les restes des libations et offrandes faites à l'ombre des morts, quand on renfermait leurs dépouilles dans le caveau. Virgile y fait allusion.

Congesta cremantur
Turea dona, dapes, et fuso crateres olivo;
Postquam Collapsi cineres, et flamma quievit;
Relliquias vino, et bibulam lavere favillam,
Ossaque lecta cado texit Coryneus aheno.

En même temps on jetta dans les flammes, de l'encens, la graisse des victimes, et des coupes remplies d'huile d'olives. Lorsque le tout fut consumé et que la flamme eut disparu, on arrosa avec du vin les cendres et ce qui restait du bûcher; on recueillit les os du mort, et le prêtre Corynée les renferma dans une urne de bronze. (Enéide, liv. VI.)

M. de *Clarac* a pensé que l'eau qu'on avait trouvée dans ces bocaux y avait été introduite pour neutraliser la chaleur des os brûlés qu'ils renfermaient, et empêcher que le verre ne cassât. Mais si on avait eu cette frayeur, n'aurait-on pas pu attendre que les os fussent refroidis pour les y déposer? A présent ces vases sont livrés à la vue du public, au *Musée-Bourbon*; un semblable, brisé, est sur l'entablement du caveau où il a été trouvé.

En approchant de la porte de Pompéi, non loin du monument qui vient d'être décrit, on remarque une enceinte de muraille, qu'on peut considérer comme un cimetière de la famille *Nævoleia*. Sur le côté du mur, qui fait face à la voie publique, on lit :

NISTACIDIO HELENO
PAG. PAG. AVG.
NISTACIDIO IANVARIO
MESONIÆ SATVLLÆ IN AGRO
PEDES XV IN FRONTE IIDIS, (Pedes) XV.

A Nistacidius Helenus, habitant du bourg Augustus.

A Nistacidius Januarius, à Mesonia Satulla, monument de 15 piéds de face et de 15 pieds de largeur.

Cette inscription confirme ce que j'ai dit précédemment. On ne peut plus douter que le bourg *Augustus-Felix* ne soit dans ce lieu, puisque *Nistacidius* est désigné habitant du bourg d'Augustus-Félix. Et nous croyons qu'en continuant les fouilles dans cet endroit, hors de la cité, on découvrira les maisons de campagne de *Munatius Faustus* et de *Nistacidius*.

Dans l'enceinte dont nous avons parlé plus haut, au milieu de quantité de petits monuments en marbre, de têtes et de bustes d'homme, fichés en terre, nous lûmes les inscriptions suivantes sur un très-petit morceau de marbre blanc :

NISTACIDIAE SCAPIDI.

A Nistacidia Scapis.

Un petit vase d'argile, enfoncé en terre sur le seuil de ce simple monument, était peut-être destiné à recevoir les larmes des parents et des amis.

Sur une autre pièce de marbre plus grande, on lit :

NISTACIDIVS
HELENVS PAG.

Nistacidius Helenus, habitant du bourg.

Ayant repris nos recherches au côté gauche de la route, près du tombeau de *C. Cejus*, nous vîmes le monument mortuaire, qui réunissait *Malleus Luccius Libella*, édile, décemvir et préfet pour cinq ans, et son fils *Malleus Libella Décurion*, monument élevé au mari et au fils d'*Allea Decimilla*, prêtresse publique de Cérès. C'est ce qu'on lit dans l'inscription bien conservée, placée sur l'un et l'autre côté du tombeau. Nous tirons aussi la conséquence de cette inscription qu'il y avait à Pompéi un temple élevé en l'honneur de Cérès.

M. ALLEIO LVCCIO LIBELLAE.
PATRIAEDILI
II VIR PRAEFECTO QVINQ ET M.
ALLEIO LIBELLAE F.
DECVRIONI VIXIT ANNIS XVII
LOCVS MONVMENTI
PVBLICE DATVS EST ALLEIA M. F
DEMICILLA SACERDOS
PVBLICA CERERIS FACIVNDVM CVRAVIT
VIRO ET FILIO

A Marcus Alleius Lucceius Libella, père, édile, duumvir, préfet pour cinq ans, et à M. Alleius Libella fils, Décurion, qui vécut dix-sept ans. La place de ce monument a été donnée au nom du peuple. Alleia Demicella, fille de Marcus, prêtresse publique de Cérès, l'a fait élever à son mari et à son fils.

Ce tombeau, comme celui de C. Cejus qui l'avoisine, n'a pas de caveau, mais il présente un superbe et grand piédestal carré en pierre travertine, dont la sculpture est d'une agréable symétrie. On peut s'en faire une idée en imaginant un autel de quinze pieds, entouré de socles et de corniches de la plus grande élégance. C'était enfin un cénotaphe d'une belle proportion. La corniche est surmontée d'une plainte et d'une guirlande de feuilles de laurier, qui sont du plus bel effet. M. de Clarac prend ce piédestal pour un *lettisternium*, dont nous voyons la forme dans le Musée-Royal, et il pense qu'il était destiné à recevoir les statues des dieux, à certains jours de solennité.

Il fait ainsi confusion d'un monument funèbre avec un *lettisternium* qui est portatif, tandis que l'autre est construit à demeure, et il ne fait pas réflexion que la reconnaissance publique élevait ces *cénotaphes* à la mémoire des citoyens morts honorablement hors de leur patrie.

Du tombeau de Libella, nous revînmes à la partie droite de la route pour admirer l'élégant tombeau de *C. Calvensius*, qui est près de celui de *Nœvoleja*. Il est en marbre blanc, ses ornements sont du plus beau style; la partie élevée en forme d'un grand autel carré, est précédée de trois escaliers, supportés par un grand piédestal, également carré. Le sommet sculpté du monument, offre à la vue un entrelacement de feuilles de palmier et de laurier du plus bel effet. Cette espèce de couronnement se termine par deux têtes de moutons; sa petite enceinte, ornée de bas-reliefs bien sculptés, est cependant sans porte, et dans l'intérieur du monument, il n'y a point de caveau sépulcral. On avait conjecturé qu'après les derniers devoirs rendus au défunt, (les urnes remplies des cendres et ses os placés dans le réceptacle ordinaire) ceux qui lui survécurent, avaient fait, par précaution, murer la porte de ce caveau. C'est pourquoi on avait fait une fracture à ce monument au côté qui regarde l'occident; mais on a alors vérifié qu'il était massif, et n'avait jamais eu de caveau dans son intérieur : c'était encore un tombeau honorifique. Parmi les figures en bas-reliefs, sculptées dans la partie de ce monument qui a la forme d'un autel, on voit, comme au précédent, du côté de la ville, le *bisellium* bien mieux exécuté : il était aussi une attribution honorifique de *Calventius Quietus Augustalis*; ce dernier nom est un titre que l'on donnait aux membres d'un certain collége de prêtres d'Auguste., dont on formait une classe intermédiaire entre les Décurions et le peuple, comme était à Rome l'ordre équestre. Au-dessous de la sculpture du *bisellium*, on lit cette belle inscription :

C CALVENTIO QVIETO
AVGVSTALI
HVIC OB MVNIFICENT. DECVRIONVM
DECRETO ET POPVLI CONSENSV BISELLII
HONOR DATVS EST

A Caïus Calventius Quietus Augustaux, qui, à cause de sa munificence, a été honoré du Bisellium par un décret des Décurions, et le consentement du peuple.

Aux deux autres côtés du monument, étaient sculptées des couronnes de chêne, attachées avec des rubans. Ces couronnes étaient l'hommage le plus glorieux qu'une cité reconnaissante pouvait offrir au mérite de l'un de ses citoyens.

Six pyramides, décorées de quelques figures en stuc, terminent le mur d'enceinte de ce tombeau. Parmi ces figures on remarque deux fortunes placées sur le globe, et un *Œdipe* qui devine l'énigme que lui propose le *Sphinx*: *Œdipe*, debout, avec une main sur sa bouche, semble avoir attiré à lui toute l'admiration du *Sphinx*, qui est assis sur une roche avec un pied levé et des ailes aux épaules; sa tête seule tient de l'espèce humaine. Sur un autre bas-relief on voit un homme assis sur une roche; il a le dos appuyé contre une colonne que surmonte une sphère. C'est peut-être le même Œdipe en repos après s'être fatigué pour deviner l'énigme. Tous ces emblêmes expriment des allusions aux traverses et au passage de la vie humaine.

En face de ce monument, à main gauche, nous exerçâmes avec plaisir notre curiosité sur un grand tombeau, qui, lorsqu'on le découvrit le 1er mai 1813, excita une prodigieuse admiration. Il est revêtu d'ouvrages en forme de réseau (1) et recouvert de stuc. Sa partie supé-

---

(1) La maçonnerie à réseau porte le caractère le plus certain de l'antiquité, c'est une position en losanges de petites pierres passantes apparcillées; telles sont les murailles antiques à *Lyon* et à *Autun*. (Bibracta.)

rieure avait été très-endommagée par les racines des vignes et des arbres qui croissaient au-dessus de lui. On entre dans une espèce de petite chambre souterraine qu'il renferme en franchissant trois gradins que précède une porte basse carrée, sise à rez-de-terre. Ce petit caveau n'a que six pieds de long sur quatre de large; il est éclairé par un soupirail qui tire son jour du côté opposé à la porte. On ne peut s'empêcher de remarquer, sous cette ouverture, une grande niche, décorée d'un frontispice avec cymaise sur trois côtés. Elle a une avancée soutenue par deux pilastres latéraux. Cette niche, ou plutôt cette espèce de chapelle, est tout ce qui frappe la vue dans ce souterrain; mais c'est dans son intérieur que se fit la découverte d'un vase, fort grand, d'albâtre oriental, rempli de cendres et d'os, aujourd'hui placé au Musée-Royal. Il attire l'admiration de tous ceux qui le visitent. Il est orné de deux belles anses, de la forme la plus élégante. On y trouva aussi un grand anneau d'or, dont la pierre d'agathe saphirine, de huit lignes de long et de six de large, représente en relief un cerf qui se gratte le ventre avec son pied gauche. Le travail est du plus grand fini. Un autre vase en marbre, mais qu'on ne peut comparer à celui d'albâtre, était à son côté gauche. Ce caveau renfermait encore, appuyées çà et là contre la muraille, des amphores à long col et à bec aigu, de l'espèce de celles qu'on plaçait dans les *cellæ vinariæ* de Pompéi. On ne les a pas déplacées. Sur une espèce de gradin attaché à la muraille, et qui règne de chaque côté du caveau, on avait déposé différents vases en verre, dont un seul n'était pas brisé. Il y avait aussi beaucoup de carafons, et un petit autel en terre cuite; mais l'objet le plus intéressant, et qui forme une particularité des plus remarquables de ce monument et de tous ceux de Pompéi, c'est la porte en marbre blanc qui ferme le caveau dont nous venons de parler : elle est haute de trois pieds et demi, large de trois pieds neuf pouces, et a quatre pouces six lignes d'épaisseur; elle est d'une seule pièce de marbre, et tourne sur deux gonds également de marbre. On l'a trouvée en plusieurs fragments; mais aujourd'hui elle est bien restaurée, mise à sa place, et fermant avec une clef qu'on lui a récemment adaptée. Autrefois on la fermait avec une clavette en fer qui a été oxidée par le temps, et qu'on voit attachée au marbre pour la curiosité du public. Cette porte, dans sa partie supérieure, est ornée d'encadrements élégants, comme le seraient les nôtres. Quelques personnes pensent que ce tombeau n'a jamais été terminé, parce que dans sa voûte et dans les murs de l'intérieur on voit des pierres brutes, sans enduits et sans décorations : peut-être tous ces blocs de marbre qu'on découvre autour, étaient-ils destinés à rendre ce monument plus parfait ?

Prenant à droite de la voie romaine, nous remarquâmes, près du monument de *Calvensius*, un autre tombeau, fait pour être distingué. Il consiste dans une base carrée, surmontée d'une espèce de tour ronde : il a quinze pieds de haut, est revêtu de stuc, imitant les moellons, et formant différents compartiments. Entrés dans son enceinte, nous y observâmes les angles du mur terminés par de petites pyramides, où étaient placés des bas-reliefs en stuc, faisant allusion aux funérailles et à l'état des âmes après le trépas. Sur l'un deux on voyait une dame avec une coupe, ayant des bandelettes dans ses mains, devant elle était un autel chargé de fruits ; une autre dame couvrait un squelette de bandelettes. On monte par trois marches élevées au caveau circulaire, où l'on entre par une petite porte ; trois niches, dans son intérieur, indiquent assez leur destination à recevoir des urnes funéraires ; celle du milieu, un peu arquée et plus grande, devait avoir été disposée pour le père de famille ; les deux autres sont carrées. Au fond de ces trois niches, on voit encore, emboîtées dans la muraille, les trois urnes où l'on trouva de la cendre et des os. Ce caveau est terminé par une ample corniche en stuc qui fait le tour de sa voûte. Les murailles sont ornées de figures à fresque, représentant des dauphins et d'autres animaux marins, qui fesaient allusion à la félicité dont jouissaient les âmes vertueuses dans les cités fortunées, où l'on croyait qu'elles étaient transportées par les nymphes sur le dos de ces poissons nageants. Le défaut d'inscription nous a empêché de connaître en l'honneur de qui ce monument avait été érigé.

De ce tombeau, à forme ronde, nous continuâmes à visiter ceux qui sont du même côté: presqu'en face, à gauche de la route, est seulement une longue suite d'arcades qui servaient apparemment de passage pour aller à des habitations renversées que l'on aperçoit au-delà.

A côté de ce tombeau rond, et dans une enceinte qui n'en est séparée que par un mur, nos regards se portèrent sur un autre, que l'on peut désigner comme le plus noble de ceux qui ornent cette partie de la route; il consiste, comme celui de *Nævoleja* et de *Calventius*, dans une grande base carrée en tuf, qui est posée sur trois gradins, que supportent eux-mêmes une autre base carrée plus grande que celle qui lui est supérieure. On voyait, quoiqu'à peine, représentés en stuc sur la partie de ces gradins qui fait face aux spectateurs, des génies, des animaux, des chasses. Le faîte de ce monument est très-endommagé; il appartenait à la famille *Scaurus*, d'après la belle inscription qui se trouve sur un de ses côtés, et qui est un peu mutilée.

A Cast RICIO A. F. MEN
SCAVRO
II VIR. I. D.
huic DECVRIONES LOCVM MONVM.
H. S (X) (X) IN FVNERE ET STATVAM
EQVESTR.
in FORO PONENDAM SENSVERVNT.
SCAVRVS PATER FILIO.

Scaurus, le père, à son fils Aulus Castricius Scaurus, fils d'Aulus, de la tribu Menenia, duumvir pour rendre la justice. Les Décurions ont assigné le lieu du monument, 2000 sesterses pour la pompe funèbre, et lui ont décerné une statue équestre pour être placée dans le forum.

Il faut, en suppléant ce qui manque au premier mot de cette inscription, lire *Castricio* ou *Fabricio*. Mais elle ne présente aucun doute sur son érection de la part de *Scaurus*, père, en l'honneur de son fils *Aulus Castricius Scaurus*; inscrit à la tribu *Menenia*, et duumvir pour la justice, à qui les Décurions assignèrent par honneur le lieu de la sépulture, 2000 sesterces pour la pompe funèbre, et une statue équestre placée dans le forum.

On entre dans l'enceinte de ce monument, ou plutôt dans son pourtour, par une porte très-basse. Ses murailles sont ornées de belles corniches et de petits bas-reliefs d'un stuc fort dur.

De cette enceinte, en montant deux degrés, on peut pénétrer dans l'intérieur de la tombe, qui consiste dans une petite chambre carrée. Les trois faces intérieures du mur sont ornées chacune de quatre niches, destinées à recevoir le dépôt des urnes. Le côté où est la porte en contient deux seulement; au centre de ce caveau est un pilastre carré qui soutient la voûte : ce pilastre est lui-même percé par quatre niches construites en arc. L'une d'elles devait recevoir l'urne principale; mais de tant d'urnes qui ont dû décorer ces niches, on n'en a pu trouver une seule. On voit çà et là seulement quelques petits monceaux de cendres et d'os, et une petite lampe de terre cuite. Ce n'est pas le seul monument qui nous offrit des traces de pillage commis dans les anciens temps à Pompéi. On devait s'attendre en quelque sorte à ce désapointement, en travaillant à la fouille de celui-ci; car on remarqua d'abord une espèce d'ouverture de laquelle la terre avait été enlevée, puis rapportée pour la combler.

A l'occasion de la mort de ce *Scaurus*, on a dû donner au public, dans l'amphithéâtre de Pompéi, des combats de gladiateurs et des chasses d'animaux. Ce qui me fait exprimer cette idée, c'est que des bas-reliefs très-curieux en stuc qui offraient ces représentations, étaient exposés à la vue des passants sur les murs qui sont au-delà de la première porte de l'enceinte du monument, et qui regardent la grande voie romaine. A présent ces bas-reliefs sont détruits. On y voyait dans un cadre inférieur deux *Athlètes*, destinés à combattre des animaux, s'escrimant de leurs lances, l'un contre un *loup*, l'autre contre un *taureau*. La lance de l'Athlète qui combattait contre ce dernier, était en partie engagée dans ses flancs. On voyait encore sur ce bas-relief *des chiens qui attaquaient des sangliers furieux, des lièvres et des cerfs* qui prenaient la fuite. Dans un autre cadre supérieur, on remarquait des gladiateurs, couverts de fer, avec le casque en tête, qui se choquaient en s'entremêlant, les uns étant armés de boucliers et les autres de tridents (*fuscina*); quelques-uns à cheval sont armés de fer et devaient diriger leurs lances au hasard et frapper selon les rencontres qu'ils fesaient, parce que leurs visières étaient sans ouvertures pour l'usage de l'œil. Ce combat d'aveugles devait être un vrai spectacle populaire. On appelait ces espèces de joutes *audabatœ*, d'un mot grec, dont Juste Lipse à beaucoup parlé dans son ouvrage des Saturnales. (*Serm.* II, *cap.* 12.) Y avait-il rien de plus curieux que de lire les noms placés au-dessus de chacun des gladiateurs? *Bobrix, Hippolitus, Nobilton. Nitimus*, et celui du chef de ces gladiateurs *Ampliatus*, à qui appartenait toute cette famille; comme on le lit à l'angle droit du cadre *MVNERE*, (véritable terme approprié aux combats de gladiateurs), *Q. AMPLIATI, D. F. SVNT*, c'est-à-dire ils sont de la famille (serviteurs) de *Q. Ampliatus.*

On voit sur la petite porte dont nous avons parlé, un troisième cadre, dans lequel sont représentés des gladiateurs. Cinq sont armés de longs boucliers, et l'un d'eux, blessé, est dans l'attitude naturelle d'un homme qui tombe. Ce cadre seul subsiste encore quoique bien dégradé. Pour conserver ce qui en reste, on a fait construire un petit toit qui le dérobe un peu aux injures des temps (1).

Poursuivant nos observations du même côté, nous rencontrâmes une enceinte murée, avec

---

(1) Nous devons à M. Millin, savant très distingué, les dessins de toutes ces figures qu'il a fait graver avec beaucoup d'exactitude pour orner sa dissertation. En lisant auprès de ces gladiateurs les lettres IVL, il a pensé que ces gladiateurs étaient de *forum juliaum*, ou *frejus* ville de france ; il donne la même origine à des vases rouges trouvés dans des tombeaux ; et cependant cette désignation IVL. n'est autre que celle du mois où les gladiateurs ont combattu, comme on peut en juger d'après les nombres qui suivent XV, et par *Nobilton* XII. c'est à dire du 15. au 12°. jour avant les calandes de juillet, ou du 17 au 20 juin, et de l'autre désignation V qui voulait dire *Vicit* ou *Victor* : Voilà comment était l'inscription :

Bobrix Jul. XV. V. *Nobiliton* Jul. XII. V...sus Jul. XV. M. Θ ...sus est la terminaison du nom d'un gladiateur. M. veut dire *Mirmillone,* Θ ce signe indique qu'il mourut. (c'est la signification attachée au Thêta) 15 jours avant les calandes de juillet.

Le même auteur suppose que les vases rouges viennent de France, apparemment parce que dans ce royaume il y en a de semblables. Mais pourquoi aller chercher leur origine chez les étrangers, tandis que nous avons en Italie, cent et mille fabriques de poteries. Le docte écrivain ne se ressouvient donc plus de la *Campana suppellex* d'Horace, et des vases de cume si fameux dont a parlé *Martial*.

Ces représentations de gladiateurs avec toutes leurs figures fort bien dessinées et gravées font partie de l'ouvrage de *M. Mazois*, et sont un des titres d'honneur de cet Artiste.

une ouverture sur la voie romaine. Cette enceinte est unie au tombeau de *Scaurus*. On n'y voit de remarquable qu'une tête en marbre de dimension ordinaire, ayant des tresses de cheveux, nouées sous le col. Cette tête est fixée sur le sol et porte l'inscription qui suit :

JVNONI
TYCHES JVLIAE
AVGVSTAE VENER

sur laquelle on a tant écrit et disserté, et que j'expliquerai de la manière suivante :

Tyches Venerea Juliæ Augustæ Junoni.

Tyches Vénéréenne de Julie, fille d'Auguste, à Junon.

Le titre de *Venerea* que prend *Tyches* indique qu'elle était l'entremetteuse des plaisirs de *Julie*, fille d'Auguste ; fonction que, suivant Tacite, *Pétrone* exerçait fort *honorablement* auprès de *Néron*. Dans l'inscription du tombeau de *Nævoleja*, nous avons vu qu'elle s'appelait aussi *Tyches*, et qu'elle était affranchie de *Julie*, comme le dénote le trait I. LIB. La Tyches, dont l'inscription est sur la tête de marbre, pouvait donc être une sœur de *Nævoleja*, ou *Nævoleja* elle-même.

Une grande base carrée, entourée de trois escaliers de marbre, s'offrit ensuite à nos yeux de ce même côté de la route, l'autre côté, comme je l'ai déjà dit, étant occupé par de longues arcades, et au-delà par des maisons. Ce monument est incomplet, la partie supérieure manquant en totalité : il est composé de pierres volcaniques. Entrés dans son intérieur par une petite porte, nous descendîmes dans son caveau qui a la forme d'un carré long; il est privé de toute décoration extérieure. On voit dans le mur qui fait face à son entrée trois niches; celle du milieu est la plus grande. Les deux murailles latérales recèlent chacune une niche. Ce tombeau n'était pas terminé quand l'éruption volcanique est arrivée ; c'est par cette raison que la pierre supérieure, où repose l'inscription, n'était pas encore placée, et que le caveau est dépourvu d'urnes et d'ornements. Un peu au-delà du même côté, nous trouvâmes l'entrée d'un vaste logis; dans son vestibule étaient différentes cuves propres à faire prendre des bains; de cette entrée on pénètre dans la maison qui domine sur la colline, derrière le tombeau incomplet dont nous venons de parler.

Le chevalier qui m'accompagnait me fit remarquer que ce pouvait bien être là la maison de *Cicéron*, dont il parle tant dans ses lettres à *Atticus*. En vérité il me parut avoir raison en consultant une indication qu'en donne *Cicéron* lui-même dans le second livre des questions académiques, qu'il a intitulé *Lucullus*. (Nonius dit que c'est le livre IV*e*). Raisonnant sur l'opinion d'*Epicure* relative aux sensations corporelles, et disputant avec Lucullus sur la situation de Bauli (en Campanie), il use de cet exemple. « Ego Catuli Cumanam ex hoc loco regio-
» nem video, pompejanum non cerno, neque
» quicquam interjectum est, quod obstet, sed
» intendi longius acies non potest. O prœcla-
» rum prospectum ! Puteolos videmus, et fami-
» liarem nostrum Avianum fortasse in porticu
» Neptuni ambulantem non videmus. »

De ce lieu je vois bien la contrée de Cumes où est la maison de campagne de Catule, mais je ne vois pas la mienne de Pompéi, non qu'une montagne me la dérobe, mais c'est que ma vue n'en peut atteindre la distance. Quel beau coup-d'œil ! nous voyons Puteolos, et nous ne pouvons voir notre ami Avianus qui se promène peut-être dans le portique de Neptune.

Cicéron voyait donc de *Bauli*, c'est-à-dire

de l'extrémité de la baie de *Baja*, vis-à-vis le mont de *Missene*, du côté de l'occident, la ville de *Cumes*, résidence de Catulus; et au nord-est il pouvait voir *Puteolos* (Pouzzoles), parce que la distance de l'une à l'autre cité n'est qu'environ de deux mille de *Bauli* en ligne droite; mais il ne pouvait pas découvrir sa maison chérie de Pompéi à l'est; non qu'aucune montagne lui en dérobât la vue, mais seulement parce que le regard ne pouvait pas y atteindre d'aussi loin, *sed intendi longius acies non potest*; or, fesant l'application sur Pompéi de cette remarque de Cicéron, il est constant que de la maison de campagne présumée de Cicéron la vue s'étend en effet sans obstacle jusqu'à *Bauli*, et que la ville de *Pompéi*, au contraire dérobée au regard par le revers de la colline, était en face d'*Herculanum* et de *Stabie*, mais non pas en vue de *Bauli*, de l'aspect duquel parlait *Cicéron*. Ce serait donc ici le lieu où l'on pourrait conjecturer qu'était bâtie cette habitation, (à l'extrémité du bourg Augustus-Felix, sur le plateau de Pompéi.)

Nous nous occupâmes d'abord à visiter l'étage inférieur. La cave qui a la forme d'un portique carré, est dans son entier : quantité d'amphores à gouleau étroit peuvent s'y voir réunies dans une de ses parties. Sortant de cette voûte par un escalier commode, nous nous trouvâmes dans de superbes logements, ayant des pavés en mosaïque, d'où l'on découvre la mer et des isles voisines avec le promontoire de *Missène* et de *Bauli*. Le reste de l'habitation est ruiné en partie, et ce qu'on en voit debout tend à une détérioration complète. Ces ruines ont donné occasion de relever des blocs de marbre d'une belle sculpture, et d'autres grandes pierres de marbres servant à la décoration et à la construction de l'édifice; on les a introduites dans l'enceinte dont nous avons parlé. Voilà bien des pièces de conviction en faveur de la découverte de la fameuse maison de Pompéi appartenant à *Cicéron*.

En quittant ces restes d'un fameux édifice, nous nous détournâmes du côté gauche, franchîmes la voie romaine, et nous approchâmes d'une construction isolée qui a la forme d'une grande chapelle. Elle est décorée d'un beau frontispice en stuc, encore assez complet; son intérieur est peint en grands cadres rouges. La situation de ce portique sur la route, les siéges en pierre qu'il contient, le toit qui le domine, nous ont fait penser que c'était un lieu public de repos et de rendez-vous pour les oisifs de Pompéi qui aimaient à s'entretenir, à débiter des nouvelles, et à voir assis et couverts passer et repasser devant eux les allans et les venans. Non loin de là on trouva sous des décombres le squelette d'une malheureuse mère qui avait sur les bras un petit enfant et deux autres moins petits auprès d'elle ; leurs os étaient réunis, et, par cet extrême rapprochement, prouvaient bien que cette famille infortunée se tenait embrassée jusqu'au dernier soupir au milieu de l'affreux désastre. Parmi leurs os on recueillit trois anneaux d'or et deux paires de boucles d'oreille garnies de quantité de perles fines d'un très-grand prix. L'un de ces anneaux a la forme d'un serpent reployé sur lui-même, dont la tête était faite pour être placée dans la longueur du doigt, un autre plus petit avait pour chaton un grain de grenat, sur lequel était sculptée une foudre. Les pendants d'oreille étaient en forme de balance, c'est-à-dire qu'ils étaient composés d'une aiguille transversale, ayant à chaque bout deux perles que supportait un fil d'or.

De l'autre côté de la route, vers la maison de campagne de Cicéron, nous vîmes différentes maisons renversées, d'autres encore engagées dans la cendre volcanique; et des constructions dont nous ne pûmes pas bien distinguer l'usage.

Elles fesaient partie du bourg Augustus-Félix. Dans la fouille que l'on fit dans ce lieu, le premier mai 1813, on découvrit dans une grande chambre une quantité de roues de grandeur égale, toutes en bois, mais recouvertes de fer dans leur circonférence : elles étaient placées les unes auprès des autres ; elles avaient quatre pieds trois pouces de diamètre, et portaient dix raies. Tout près de là, on tira des décombres le squelette d'un âne, et une machine en bronze, de la forme d'un D, que l'on prit pour le mors de l'animal. Des chars ferrés qui paraissaient avoir été déposés sous des remises, nous firent penser que cette construction, hors de la ville, appartenait à un loueur de voitures.

Nous étant reportés du côté gauche de la route, vis-à-vis cette découverte, et plus bas que le portique décrit précédemment, nous remarquâmes un tombeau ruiné, où l'on entre par une petite porte, qui aboutit sur la rue. après avoir traversé l'enceinte étroite qui le recéle, on voit un soubassement en pierres volcaniques, recouvert autrefois de stuc travaillé, à présent détaché et sans forme ; seulement le côté qui regarde la porte de la ville, est encore décoré de deux guirlandes de fleurs, séparées par un pilastre, ayant un chapiteau de l'ordre corinthien. Toute la partie supérieure du monument est enlevée, et nous n'y avons point vu de caveau. Sur le bord de la route, deux petits autels de pierres volcaniques avaient été érigés, et dans le milieu, une urne était placée, mais elle a disparu.

Peu satisfaits de la vue de cette ruine, nous prîmes à droite, où, traversant différents édifices renversés, nous arrivâmes à un second portique en demi cercle, construit en pierres volcaniques. Un banc règne dans son intérieur, mais sa voûte, qui devait être semblable à celle qui domine le premier monument de même nature que nous avons décrit, en est enlevée. A chaque extrémité du banc demi-circulaire, est une pate de lion. Il est facile de voir que c'était aussi là un lieu de repos et de conversation, où venaient se rendre les oisifs de Pompéi. L'inscription suivante est écrite, en gros caractère rouge, derrière la partie de l'enceinte qui sert de dossier aux sièges dont nous avons parlé ; elle contient l'indication du lieu voisin ; où était la sépulture de la Prêtresse *Mammia*.

MAMMIAE P. F. SACERDOTI PVBLICAE)
LOCVS SEPVLTVRAE DATVS DECVRIONVM
DECRETO.

A Mammia, fille de Publius, prêtresse publique. Lieu de sépulture donné par décret des Décurions.

Au-dessous des gradins qui servent à monter à la banquette en demi-cercle, l'inscription suivante est gravée sur un bloc de pierre, fiché en terre; elle contient la dimension du monument funèbre, qui était de vingt-cinq pieds de largeur sur vingt-cinq de longueur.

M. PORC
M. F. EX DEC
DECRET.
IN FRONT. PED.
XXV IN AGRO
PED. XXV.

Marcus Porcius, fils de Marcus; par décret des Décurions; monument de 25 pieds de face et de 25 pieds de largeur.

Après avoir lu cette inscription et la précédente, nous nous occupâmes derrière la galerie en demi-cercle, dont la voûte est tombée, de l'examen du tombeau de *Memmia*; on y entre par une barrière en bois; le sol de l'enceinte carrée est en tuf recouvert de stuc avec un parapet autour en forme de balustrade, offrant un passage dans ses quatre côtés ; une chambre également carrée est construite au milieu de cette enceinte : elle est ornée sur chaque angle extérieur de quatre demi-colonnes cannelées, avec des chapitaux corinthiens : la cymaise en est détruite.

Pénétrant dans son intérieur par trois degrés, nous entrâmes dans le caveau qui avait autrefois sa voûte, mais qui en est privé maintenant ; il est soutenu par un grand pilastre carré, qui s'élève de son centre. Autrefois d'élégantes peintures et des décorations en stuc, dont on peut juger par quelques traces qui subsistent encore, ornaient son intérieur. Tout autour sont disposés les petits réduits au nombre de dix, où l'on plaçait les urnes cinéraires, et qui effectivement contenaient beaucoup de cendres. La niche à main droite en entrant, est la plus grande de toutes. C'était là où reposaient les cendres de *Memmia*, dans une grande urne de terre cuite, recouverte d'une autre en plomb. Ce tombeau était celui dont l'architecture était la plus remarquable, parmi ceux mis à découvert, avant qu'on ait exhumé la porte et les murs de Pompéi, qui parurent sortir de dessous la terre.

Au-dessous de ce tombeau de *Memmia*, on voyait, il y a peu d'années, un cimetière entouré de murailles, où l'on avait trouvé beaucoup de masques en terre cuite, de grandeur outre nature; de larges bouches, des yeux et des figures larmoyants. Le chevalier crut voir, dans ces compositions grotesques, des espéces de lampes sépulcrales, supposant qu'on les plaçait sur les tombeaux pour les illuminer pendant la nuit. Un autre cimetière, joint à celui-ci, offrait aux regards le singulier spectacle de quantité de têtes de chevaux, fichées dans un mur de séparation. On a prétendu que c'était un charnier d'animaux; mais il est plus probable que c'était un espace destiné à brûler les cadavres humains, dont on ramassait les restes dans des urnes cinéraires. Un vieillard de Pompéi, qui nous guidait, nous fit observer, à l'occasion de ma remarque, qu'on avait trouvé dans ces deux cimetières quantité de cendres et d'os, à moitié brûlés sur la superficie de la terre. Les anciens appelaient ces lieux *ustrina* (forge), différent de *bustum* (pile de bucher), lieu, au dire de Festus, où l'on brûlait et ensevelissait. A présent un mur moderne de séparation a divisé ces deux cimetières du sépulcre de *Memmia* : des mains profanes en ont arraché les masques, quoiqu'ils fussent d'un poids excessif, en ont arraché jusqu'aux têtes de chevaux. — Ces curieux qui viennent parcourir les ruines de Pompéi, ne manquent jamais, dès qu'ils peuvent détourner l'attention des gardiens, d'étendre leurs mains sur quelques marbres, ou autres antiquités qui attirent leurs regards, et de s'en saisir.

En nous en retournant sur la voie romaine par le chemin que nous venions de parcourir, nous apperçumes en face du tombeau de *Memmia*, d'autres tombeaux au nombre de six ou sept, mais tous renversés, et dispersés sur le sol. Là on rencontre de superbes marbres blancs, qui jonchent la terre, des débris de chapitaux, de colonnes, de lambris, et d'architraves qui ont autrefois servi pour son ornement. Il n'est pas aisé de décider si cette confusion de belles ruines est l'effet du premier tremblement de terre, de l'éruption volcanique, ou de la rapacité des hommes qui, dès les premiers temps, y portèrent une main impie. Nous y remarquâmes de grands blocs de pierre du Vésuve, troués par le milieu, comme le sont nos meules d'huileries; mais nous n'avons pu déterminer quel était précisément leur usage. De ces tombeaux renversés il reste encore en entier des soubassements, ou piédestaux de la plus grande beauté. Il y avait des tombeaux entièrement en pierres du Vésuve, dont il ne reste rien de remarquable. Quand on aura déblayé la colline voisine, de nouveaux tombeaux apparaîtront à la vue. Un de ceux qui porte un nom, et dont la pierre de soubassement existe encore, est le plus rapproché de la porte de la ville. Il fut érigé à *M. Cerinius Augustaux*, avec cette inscription qui, aujourd'hui, est effacée.

M. CERINIVS
RESTITVTVS
AVGVSTALIS
L. D. D. D.

Marcus Cerinius Restitutus, Augustaux Lieu donné par décret des Décurions.

De là, à main droite, tout près de la porte de Pompéi, nous trouvâmes une autre enceinte demi circulaire, avec des sièges; et une petite niche contenant une chapelle, dédiée à quelque divinité payenne : telle que Mercure ou au Génie du lieu. Elle est placée là comme le terme de la route du Bourg *Augustus-Felix*, à travers le cimetière public jusqu'à la porte de la ville de *Pompéi*.

Chemin consulaire de Pompéi, et état de sa construction

Les tombeaux, cénotaphes et autres monuments mortuaires que nous venons de décrire, sont tous de droite et de gauche de la voie consulaire qui venait de *Naples*, d'*Herculanum*, de *Rétine*, d'*Oplonte*, et traversait *Pompéi*. Cette voie consulaire romaine était un rameau de la fameuse voie Appienne, et qui la joignait à *Capoue*, d'où, passant par les lieux décrits, puis par *Nucerie*, *Salerne*, elle s'étendait jusqu'à la colonne, ou trajet de Sicile, suivant l'itinéraire attribué à *Antonin-le-Pieux*. Voici la description qu'en fait *Strabon* : « Tertia via a re-
» gio per Brutios, et Lucanos, et Samnium, in campaniam ducens atque in Appiam viam. »

La troisième branche, ou voie romaine, part de Régio, traverse le pays des Brutiens, la Lucanie, le Samnium, la Campanie, où elle rejoint la voie Appienne.

Le grand chemin consulaire de *Pompéi*, qu'on appelle particulièrement chemin d'*Her-*

culanum, est pavé de grands blocs de pierres volcaniques irrégulières et différentes, ayant les unes la forme de trapèzes, d'autres d'exagones, d'octogones, etc.; elles sont placées sans symétrie de formes; mais bien jointes et bien égalisées, et tellement incrustées, qu'on aurait de la peine à les arracher. Le ciment qui unit ces pierres, est très-tenace et presque pierre lui-même. Tout ce pavé est supporté par une autre couche de pierres et d'arênes, que les anciens appelaient *sternere*, étendre; comme on peut en inférer de cette phrase de *Tite-Live*.

« Censores vias sternendas silice in urbe, et extra urbem glareâ substernendas, marginandas que.

Les censeurs doivent, dans la ville, faire construire le pavé avec la pierre de silex et dans la campagne, hors les murs, c'est avec des cailloux que les chemins doivent être façonnés, et les banquettes construites.

L'art du constructeur paraît principalement consister dans l'établissement d'une pente douce et égale, pour procurer l'écoulement des eaux sans nuire à la commodité et à l'aisance de la surface.

Sa largeur que nous avons mesurée, porte

quatorze palmes et demi ; (1) et dans la ville cette largeur est quelquefois bien plus restreinte. Telle était la largeur de la voie Appienne et de la voie latine. Dans le temps de leur construction, la nécessité et non pas le luxe exagéré, avait présidé à leurs établissements. Sous les empereurs, le faste des richesses ne mit plus de borne à la beauté et à la largeur de celles qu'on créa; cet aperçu nous explique de quel temps était la voie romaine de Pompéi.

De chaque côté du chemin on remarque une banquette, large d'environ trois palmes, un peu élevée, et dominant le niveau de la route qui fait séparation entre elles; au premier coup d'œil on voit l'économie de ces trois répartitions, que les romains ont constamment établies sur leurs routes. La voie du milieu était pour le passage des voitures et des chars, dont on observe les ornières dans tout le chemin consulaire de Pompéi, et même ailleurs. Ces ornières sont rapprochées, et prouvent que leurs voitures avaient la voie moins large que les nôtres. Les deux trottoirs latéraux étaient à l'usage des allans et venans : ceux-ci d'un côté, ceux-là d'un autre, afin que ne se rencontrant pas; il

---

1) Le palme est de neuf pouces.

n'y eût ni retard ni encombre. Si dans la ville quelqu'un voulait passer d'une rue dans une autre, il trouvait de place en place une borne, et trois dans les embranchements de route hors de la ville ; les bornes étaient applaties au sommet, et servaient de gradins pour poser le pied et sauter. Nous observâmes encore dans les rues que nous parcourûmes à Pompéi, que, sur les pavés élevés des banquettes, il existait des trous destinés sans doute à y fixer les bêtes de somme, lorsqu'on voulait les y retenir pendant le temps qu'on entrait dans les boutiques ou dans les maisons. Toutes ces sages précautions des anciens pour la construction de leurs rues, et la manière d'en user, ne peuvent s'observer qu'à Pompéi, où le Vésuve a préservé de la dent du temps et du dégat de la main des hommes, ces curieux monuments. Les voies latine, valérienne et appienne, (celle-ci appelée la reine des voies), ne présentent plus de place en place que des ruines de leurs beautés, quelque solidité quelles ayent eu : d'après les descriptions qui nous en sont restées, elles n'ont pu triompher du temps. Au milieu des innombrables malheurs causés par l'éruption du Vésuve, au moins on peut considérer comme un avantage, à l'égard de notre siècle, la conservation dont elle a été la cause. C'est en faisant ces réflexions que nous arrivâmes sous la porte de Pompéi.

Porte de Pompéi.

La porte de Pompéi est en brique, revêtue d'un enduit sans ornements particuliers, à moins que les enjolivures qui, peut-être, en garnissaient la façade, ne fussent tombées; il doit aussi y avoir eu une autre terminaison dans sa partie supérieure : on voit à présent encore d'un côté et de l'autre une courbure ruinée en forme de voûte qui l'indique.

Cette porte est assise sur la voie consulaire et sur ses deux trottoirs correspondants; enfin il n'y a de dissemblance avec la rue que la couverture voutée de la porte et des passages.

Quelque chose de remarquable, c'est que dans les deux murs qui forment le portique, on voit deux reinures profondes qui, sans doute, étaient destinées à recevoir et à fixer une porte fort grosse, qui descendait du faîte, et fermait hermétiquement l'entrée.

Nous autres modernes pensions que cette invention nécessaire à pratiquer dans les temps d'anarchie et de guerre civile, où l'on ne pouvait trop se soustraire aux coups de main dans les donjons, était du moyen âge ; mais à présent on peut être convaincu que ce moyen de défense remonte au siècle d'*Auguste*, et que l'architecture s'en est conservée jusqu'à nous. Ayant franchi la porte, nous vîmes, en ligne droite, tout le prolongement de la rue, et les maisons d'un et d'autre côté.

Dénombrement des maisons, annonces, et affiches publiques

Il n'y a pas en Europe de ville policée où la coutume de numéroter les maisons et les rues, pour faciliter les recherches de la police et du gouvernement, ainsi que pour la plus grande commodité des habitans, ne soit introduite. Un établissement aussi utile, est d'une époque trop récente pour croire qu'il n'ait pas été pratiqué par les anciens. Ceux-ci l'employaient en effet de temps immémorial. Au lieu de numéros qui indiquent la maison, et non l'habitant, ils se servaient d'une inscription, placée sur la porte, qui indiquait et l'habitant et la maison. Je ne prétends pas dire que cette double indication soit préférable à celle dont nous usons; mais enfin toutes les maisons de Pompéi sont désignées de cette manière : les temples, les basiliques, les théâtres, et jusqu'aux noms des acteurs et des éditeurs des pièces se lisaient en gros caractères rouges sur les murs d'arrière scène du théâtre. Les habitations de l'*édile*, des *duumvirs*, du *flamine*, du *patron*, ou défenseur de la colonie, et celles de tous autres magistrats avec leurs noms propres; comme encore des vendeurs publics, des artisans tenant magasins ou boutiques, étaient désignés de la manière dont nous l'avons précédemment dit. Si l'un d'eux changeait d'habitation, on effaçait son nom pour y substituer celui de la personne qui venait le remplacer. Cette partie de la police est enfin dans un ordre si particulier d'inscription, que cela fait honneur au gouvernement. Si, quand Pompéi a été découvert, on avait eu l'attention de copier, au fur et à mesure du déblaiement des rues, toutes les inscriptions qu'elles contenaient, ou si au moins on avait usé de quelque procédé pour les conserver, nous pourrions aujourd'hui compter les habitations de Pompéi, et appliquer à chacune le nom de celui qui y résidait; mais le temps en a effacé une grande partie; et ce qui en reste ne tardera pas d'éprouver le même destin.

Les académiciens, dits d'Herculanum, prétendent que ces inscriptions ne sont de la part des citoyens que des témoignages de joie et d'acclamation à l'occasion du choix d'un *édile*, d'un *duumvir*, ou de tout autre magistrat, afin d'obtenir, par cette flatterie, leur protection. Ils ont remarqué avec justesse que le nom de l'*édile* ou du *duumvir*, est toujours dans la phrase d'inscription à l'accusatif, et que le nom propre ou appellatif de celui qui fait l'épigraphe, est au nominatif avec la finale ROG, ou O. V. F: c'est-à-dire *rogat*, ou *orat ut faciat*, ou *faveat*, prière qui démontre à quelle fin ces inscriptions étaient placées. En voici une exemple.

M HOLCONIVM PRISCVM
C. CAVIVM RVFVM II. VIR
PHOEBUS CVM EMPTORIBVS SVIS ROG.

Phœbus et sa société, supplient Olconius Priscus; et C. Cavius Rufus, duumvir.

Je n'en disconviens pas, plusieurs inscriptions étaient véritablement tracées pour cet objet; mais que répondra-t-on, si je démontre que d'autres maisons ne portaient que le nom du propriétaire au nominatif, comme
Q. HIL. SABINUS.... FORTVNATA.... C. I. P. II. VIR.
AEQVANUS
et tant d'autres encore? et s'il n'y a pas une seule maison qui n'ait son inscription? pouvons-nous croire que, dans toutes les habitations, il y avait des motifs de réjouissances ou de félicitations qui se manifestaient par des inscriptions?

Elles servaient donc sans contredit à faire connaître le nombre des maisons, à dénommer leurs habitants, comme nous l'avons exprimé d'abord, et les épigraphes faites en faveur de certains particuliers sur d'autres maisons que les leurs, pouvaient avoir pour motif de les proclamer et de les désigner à la reconnaissance publique.

Arrivé à l'entrée de la ville, et un peu fatigués de notre course, nous nous assîmes sur quelques degrés de marbre, qui sont en avant des bains près la porte de la ville, à main gauche. De là, fixant mes regards sur une de ces inscriptions qui me paraissaient si merveilleuses, je me tournai vers le chevalier et lui dis : Ces » caractères rouges, formés avec le pinceau, » que nous voyons sur le frontispice des mai- » sons, doivent être mis au nombre des monu- » ments les plus curieux de Pompéi. Dans » quelle autre ville du monde trouverait-on des » inscriptions du même genre, et d'une aussi » haute antiquité ? nous avons bien les manus- » crits de *Papyrus*, que l'on déchiffre de jour » en jour avec un art admirable (1); ils sont

---

(1) Les volumes de Papyrus trouvés au nombre de plus de 800, nous mettent dans l'attente des plus utiles découvertes. Qui en effet ne serait pas rempli du désir de se procurer, par ce moyen, les ouvrages des anciens dont il ne nous est

» composés de l'écriture la plus antique qui soit
» parvenue jusqu'à nos jours. Le recueil le plus
» rare, contenu dans quelque bibliothèque que
» ce soit, ne peut leur être comparé sous le
» rapport de l'antiquité, car nous n'avons pas
» de manuscrit qui remonte au-delà du deu-
» xième siècle de l'ère vulgaire; c'est la date
» qu'attribuent les plus savants bibliographes

rien resté ou de compléter ceux dont nous n'avons que des fragments. Jusqu'ici il est vrai, nous ne possédons encore qu'un traité de musique de *Philodemus*, traduit du grec en latin, par les académiciens d'Herculanum, enrichi de notes fort longues: tel est le premier tome publié. Le second contient un ouvrage d'*Epicure*, sur la Nature, en grec, mais que l'on a traduit et commenté, et un fragment d'un poëme latin sur *l'Expédition de César en Egypte*, que l'on attribue au célèbre poëte *Varius*. Outre ces ouvrages il y en a encore un grand nombre d'autres provenant également de Papyrus, déroulés et traduits, mais dont la publication n'a pas encore eu lieu.

Il ont été trouvés dans une maison de campagne d'Herculanum, qui correspond sous le jardin du couvent des Augustins, à Portici. Ces manuscrits n'ont pas plus d'un palme de hauteur, et plus ils sont en charbon, plus il est aisé de les dérouler. La machine ingénieuse de l'invention du père *Piaggi*, dont on se sert pour opérer cet effet, et que *Winkelmann* et *Lalande* ont décrite a été offerte à nos regards au Musée-Royal.

Chaque feuille de Papyrus est collée à une autre, et celle-ci à une autre encore, jusqu'à treize palmes de longueur; on en voit au reste de toute dimension. L'écriture divisée en quantité de colonnes comme seraient nos volumes in-douze en feuilles, est sur une seule face du Papyrus; entre chaque volume les séparations sont marquées par des lignes. Chaque volume était replié sur un tube en os, en sens opposé à celui qui lit. Au dedans de ce tube jouait un cylindre pour tourner et retourner le volume sans toucher les pages.

» au manuscrit *laurentin* de *Virgile*, qui passe
» aux yeux de beaucoup d'érudits, et particuliè-
» rement de *Burmann* pour le plus ancien de
» tous, et cependant ces inscriptions que nous
» lisons sur les murs de Pompéi, ont un mérite
» que n'ont pas les Papyrus si justement célèbres;
» c'est d'être tracées avec des caractères très-
» grands et cubiques, de telle sorte, qu'on
» aperçoit le profil, le clair obscur des lettres,
» et enfin toutes leurs formations particulières,
» que l'on ne peut apprécier dans les écritures
» des Papyrus, et dont nous ne nous serions pas
» doutés sans cette nouvelle découverte : Et
» nous apprenons également par elle, l'emploi
» que les Latins faisaient indistinctement des ca-
» ractères *osques*. Il est certain que des ins-
» criptions en caractères *latins, osques* ou *sam-*
» *nites*, sont communes parmi les monuments
» que nous possédions déjà; mais ces inscriptions
» sont gravées au ciseau et non pas écrites. La
» sculpture ne nous apprend pas comment on
» savait écrire alors, quels étaient les traits des
» lettres, la diversité de leur grandeur, les
» abréviations, les chiffres, l'entrelacement
» d'une lettre dans une autre... tout cela n'est
» pas de grande importance ; mais c'est de ces
» minuties pourtant que se compose l'histoire

» des beaux arts. Remarquez cet M, comme
» il se termine par deux angles étroits et
» aigus, tandis qu'il est large dans sa base.
» La lettre E est composée d'une ligne perpen-
» diculaire, et les trois petites lignes qui la tra-
» versent, sont à peine apparentes. Voyez cet
» O, ce C, cet N, dans lesquels on remarque
» les mêmes profils que ceux que nos tachigra-
» phes leur donnent; le trait tantôt forme un
» délié, et tantôt un plein. Il serait trop long
» d'analyser chaque lettre. Ces inscriptions sont
» à mon avis un monument fort curieux. » Le
chevalier se leva alors, et, voulant accroître
mon admiration, venez, me dit-il, et occupons-
nous entièrement de cet objet, puisqu'il vous
intéresse si fort. Je ne vous montrerai pas les
inscriptions qui reposent sur le frontispice des
portes de chaque maison; elles sont sous vos
yeux, et d'ailleurs nous aurons occasion, plus
tard, de les vérifier en détail; mais ce que je
veux vous faire voir, et qui vous surprendra
davantage, ce sont les *manifestes*, les *affiches*,
les *avis au public*, qui sont écrits sur les murailles avec ce même caractère rouge. Ce sont
des annonces de fêtes, de chasses, de jeux scéniques, ou de gladiateurs; des programmes de
vente ou de location, dont le magistrat de Pom-

péi ou le particulier donnait avis au public, indiquant le jour, l'heure, et spécifiant toutes les particularités pour fixer la résolution des lecteurs. En nous entretenant de tous ces objets, Philottette me conduisit par différents chemins, d'un côté et d'un autre, en présence d'affiches tout-à-fait semblables à celles dont nous nous servons pour attirer le public; et certes je ne me doutais guère d'en trouver de la sorte appliquées aux murailles des anciens.

Au côté gauche de la porte de la ville, en entrant, on en lit une ou plutôt deux qui concernent les combats de gladiateurs, la chasse et les voiles que l'on place au-dessus du théâtre. Ces affiches ne sont pas complètes, mais ce que le temps n'a pas détruit suffit bien pour en faire connaître le motif.

PVGNA MALA V. NON. APRIL. VENATIO.

Combat et chasse pour le 5 des nones d'avril; les mâts seront dressés.

GLAD. PAR. XX. . . PVGNA NON.

Vingt paires de gladiateurs combattront aux nones.

GLAD. . . . . VELA. . . . . XIII. . . R

Combat de gladiateurs; les voiles seront tendues.

On voit encore ailleurs d'autres affiches ; quelques-unes sont effacées pour faire place à de nouvelles inscriptions; d'autres se lisent en partie au travers des anciennes; du côté droit de la porte à peine peut-on discerner :

PARIA XXX. . . .

. . . . . VASELIVM. . . . .

Ces côtés de la porte étaient bien le lieu le plus favorable pour étaler de semblables annonces au public, puisque c'était le passage le plus fréquenté. Nous usons des mêmes procédés dans nos villes, et nous ne sommes que des imitateurs.

Sur le mur, près le tombeau de *Memmia*, on avait tracé une longue affiche; l'humidité en a détruit une partie; on y lit encore :

SCR. SEXTI. . . . . . .
IPO. . . . .
CN. . . . RI. . . . . XIII. .
GLAD. PARIA XXX. . .
MATVTINI-ERVNT (1)

Trente paires de gladiateurs combattront au lever du soleil.

---

(1) Parmi les noms divers qu'on donnait aux gladiateurs,

Une autre affiche entièrement conservée et qu'on lit dans une autre partie de la ville, annonce au public que la troupe de gladiateurs de *Numerius Popidius Rufus* donnera à Pompéi une chasse (1) le quatrième jour des calendes de novembre (29 octobre), et que le douzième des calendes de mai (20 avril), on étendra, au moyen des perches, les voiles qui servent à garantir au théâtre les spectateurs de l'injure du temps. Cette annonce est souscrite par *Ottavius* ou *Onesius*, procurateur, et on

---

pour désigner les différents spectacles qu'on attendait d'eux, il y avait les dénominations de *Matutini*, et de *Meridiani*. Ces premiers étaient encore connus sous le nom de *Bestiarii*, et combattaient à la pointe du jour contre des bêtes féroces. Les habitans de Pompéi se réjouissaient beaucoup à la vue de ce spectacle. Les malheureux gladiateurs qui échappaient à la dent de ces animaux, étaient contraints au milieu du jour de combattre entre eux, et de se couper la gorge. C'est, au récit de *Suétone*, ce second spectacle qui causait tant de satisfaction à l'empereur *Claude*.

Bestiariis meridianis adeò delectabatur, ut etiam primâ luce ad spectaculum descenderet, et meridie, demisso ad prandium populo, persederet.

« *Il avait tant de plaisir à voir ceux qui combattaient contre
« les bêtes, et ceux qui comparaissaient dans l'arène au spectacle
« de midi, qu'il allait prendre sa place dès le point du jour, et
« quand le peuple s'en allait dîner, il restait.* » (Trad. de Laharpe.)

Sénèque dans sa septième épitre nous donne une description exacte de l'un et de l'autre combat.

(1) Par chasse on entend le combat des gladiateurs contre les bêtes féroces.

augure grand contentement pour le peuple : *felicitas* ; c'est ainsi que nous terminons certains manifestes par ces mots : *soyez heureux.*

N. POPIDI.
RVFI FAM. GLAD. IV K. NON POMPEIS.
VENATIONE ET XII K MAI
MALA ET VELA ERVNT
O. PROCVRATOR. FELICITAS.

La troupe de gladiateurs de Numerius Popidius Rufus donnera une chasse à Pompéi le 4ᵉ jour des calendes de novembre, et le 12ᵉ des calendes de mai; on y déploiera les voiles. Ottavius, chargé du soin des jeux. Salut.

Dans une autre affiche, ce même *Popidius Rufus* est désigné comme un des trois défenseurs élus dans la colonie de Pompéi, qui, à cause de ses libéralités, avait mérité le surnom d'invincible et de magnifique. La partie du mur, où reposait cette inscription, a été enlevée avec soin, et on la lit au musée de *Portici*, où elle a été déposée.

POPIDIO RVFO INVICTO. MVNIFI.
(reliquis) R. III DEFENSORIBVS
COLONRVM FELICITER.

A Popidius Rufus, l'invincible et le magnifi-

que, et aux trois défenseurs de la colonie : *prospérité*.

Une autre affiche de *Valente*, flamine perpétuel du temple de *Néron*, auguste, heureux, fils de *Decius Lucretius Valente*, annonce au public que le cinq des calendes d'avril (28 mars) il y aura une chasse, et que les voiles seront étendues sur le théâtre ; au-dessous est écrit par une autre main : *la Colonie Pompéienne*.

VALENTIS FLAMINIS NERONIS AVG
F. PERPETVI
D. LVCRETII VALENTIS FILII
V. K. APRIL. . . VENATIO ET VELA ERVNT.
P. COLONIA.

Valente, flamine perpétuel de Néron, auguste et heureux, fils de Decius Lucretius Valens, donnera une chasse le 5 des calendes d'avril, dans la colonie pompéienne ; les voiles seront déployées.

Mais de toutes les annonces que nous avons pu nous procurer jusqu'à ce jour, la plus singulière est le proclamat de location que *Julia Felix*, fille de *Spurius*, fit afficher, c'est-à-dire fit écrire sur les murs, comme cela se pratiquait alors, pour appeler à la concurrence des amodiateurs de ses biens pour un bail de cinq ans. Ses biens détaillés consistaient dans une salle de bain, (il y en a dans toutes les habitations de Pompéi), un *Venereum*, ou appartement destiné aux plaisirs des sens, et dans neuf cents *Tavernœ*, ou boutiques propres à vendre les marchandises, et où les artisans exerçaient leur état, ayant toutes leurs *Pergulœ*, c'est-à-dire leurs étaux sur la rue, en dehors de la maison, et encore leur *Cenaculum*, ou chambre supérieure pour l'habitation du marchand ou du vendeur (1). On donnait du six au huit

---

(1) Julia Felix, mettait en adjudication outre les bains et le *Venereum*, neuf cents tavernes, leurs étaux, et les chambres du premier étage. Par tavernes on entendait suivant *Vossius*, chez les anciens, des boutiques formées de travées et de tables, sur lesquelles on plaçait ce qu'on voulait vendre; c'est pourquoi l'on distinguait *Taverna, Vinaria, Diversoria, Olearia, Lenaria, Argentaria, Libraria*, et d'autres encore. Horace ne voulait pas que ses livres fussent exposés dans les boutiques, ou près des piliers, pour attendre les acheteurs.

Nulla taberna meos habeat, neque pila libellos.

Les étaux (*Pergulœ*), n'étaient pas destinés pour un autre objet; ils étaient composés comme les échoppes qui avancent sur la rue; l'étymologie de ce mot est *pergo* ou *porrigo*, c'est une chose qui est portée en avant au-delà du mur; (quasi extra murum porrecta). Le fameux *Apelle* au dire de Pline, livre 35. chap. 10, exposait aux passants ses peintures dans de semblables boutiques : *perfecta opera proponebat in perguld transeuntibus*. Ces lieux s'amodiaient aussi à Rome pour les écoles, comme le rapporte *Suétone* du Grammairien *Tarantinus Crassitius : deinde in perguld docuit*. Enfin on appelait *Cenacula* non-seulement

du même mois aux concurrents pour faire leurs offres; et l'affiche se termine par cette formule d'usage pour de telles locations, S. Q. D. L. E. N. C. c'est-à-dire : Si quis domi lenocinium exerceat non conducito, (*Si le locataire fait de l'objet de loyer un lieu de prostitution, le bail sera résilié*). Je ne pouvais m'empêcher de fixer mon esprit par quantité de réflexions sur tout ce que contenait cette affiche... quelle devait être l'étendue du commerce de cette cité, où un seul propriétaire fait publier l'amodiation de 900 boutiques? quel était donc le nombre de toutes les autres, comparativement?

L'inscription qui nous occupe a été mise au jour en 1755; elle était placée sur le mur d'un grand édifice, qui appartenait à cette même Julie, près de l'amphithéâtre, et qui fut sur le champ rechargé de décombres ; et cependant, quel monument plus célèbre que cet édifice pouvait-on rechercher! Il consistait dans une grande construction carrée, dont le vestibule

---

les chambres à manger, mais encore tout l'appartement supérieur de la maison, où la chambre à manger était ordinairement placée. Cette portion de maison était louée par des personnes pauvres; c'est ce qu'on peut induire de Juvenal. *Rarus venit in cenacula miles.*

« *Le soldat vient rarement visiter les habitans des chambres supérieures.* »

était composé d'une quantité de pilastres, d'une disposition agréable, ayant leurs bases et leurs chapiteaux d'ordre corinthien; des figures grotesques en ornaient le frontispice, et de côté on voyait dans des niches diverses statues de marbre ou de terre cuite ; telles qu'un Hercule couronné de chêne, un roi barbare avec la *clamide*, une autre figure revêtue de la robe prétexte, ayant un globe d'or sur la poitrine, des tablettes à stilets dans une main, et divers autres attributs. Toutes ces statues étaient vides, avaient des anses au dos, et derrière la tête des tubes; il est très-probable qu'elles étaient destinées à contenir de l'eau, comme les cruches ou fontaines dont nous fesons usage dans nos maisons. Cet édifice renfermait des thermes, des bains froids, des appartements sous une seule clef, et de plus un petit temple fort élégant, consacré probablement à la déesse Isis, ayant au milieu de son enceinte un trépied en bronze avec un foyer de brique soutenu par trois Satyres nuds (1). Le petit temple, le trépied,

(1) Ce *Sacellum* (petite chapelle), monument antique des plus rares, est bien encadré dans une châsse en bois, et placée dans une des salles du musée *Portici*. Il a trois côtés et un sommet en stuc; chaque côté n'a pas plus de sept palmes d'étendue; sur le devant on voit la déesse *Isis*, un sistre à la main, ayant à sa droite *Anubis*, avec une tête de chien, et à sa gauche *Osiris*;

l'inscription détachée du mur, ont été transportés dans le Musée-Royal de *Portici*. Voici la copie de cette inscription (1) :

> IN PRAEDIIS IVLIAE S P. F. FELICIS
> LOCANTVR BALNEVM VENERIVM ET
> NONGENTVM. TABERNAE PERGVLAE
> COENACVLA EX IDIBVS AVG PRIMIS IN
> IDVS AVG. SEXTAS ANNOS CONTINVOS
> QVINQVE S. Q. D. L. E. N. C. . . .

Julia Felix, fille de Spurius, propose à loyer, du 1er au 6 des ides d'août, la partie suivante de ses biens : un appartement de bains, un

---

au côté droit de cette petite chapelle est *Igée*, qui porte à manger aux serpents. Le côté gauche est entièrement ruiné. Ces différents côtés du monument sont entourés d'une console ou tablette de marbre blanc avec des appuis qui étaient incrustés dans le mur. L'admiration fut grande à la vue de la quantité d'*amulettes* qui surchargeaient ces tablettes. J'en mentionnerai quelques unes : il y avait une demi-lune en argent percée de deux trous pour y passer un cordon ; un *Harpocrate* du même métal avec le doigt sur la bouche, ayant des fleurs de *Lotos* autour de la tête, et des ailes aux épaules. Il y avait une agraffe d'or, ronde, à laquelle était suspendue un fil d'or qui supportait à son extrémité une lame d'or qui faisait attache avec une autre agraffe. On y voyait une petite statue, entièrement nue, de Priape ; il avait de la barbe, les oreilles d'une chèvre, un air sauvage mais riant, son doigt reposait sur sa bouche : tout cela était d'une grande perfection; il y avait enfin d'autres statues votives, quelques unes faites d'ivoire. Voyez les lettres de *Campania Paderni*, dans le recueil des transactions philosophiques par *Gebelin*. Antiquités, vol. 3.

(1) L'époque solennelle des ventes, chez les Romains, était fixée aux calendes de Juillet ; *Cicéron* nous le fait connaître au

Venereum, neuf cents boutiques et étaux, et l'appartement du 1er étage pour cinq années consécutives, avec la condition que si on y établit un lieu de prostitution, le bail sera résilié.

Nous trouvâmes une semblable affiche de location sur un pilier d'une maison nouvellement découverte à l'extrémité de la ville, du côté gauche. On y lit que dans l'île d'*Arriana-Polliana* (j'ai compris que cette île n'est qu'une maison isolée), appartenant à *Gnœius Alifius Nigidius Major*, aux premières ides de juillet (c'était le huit de ce mois), on donnait à loyer les tavernes, ou boutiques avec leurs *pergulæ*, ou étaux, et les écuries avec indication, que l'amodiateur devra traiter des conventions avec ledit *Gnœius Alifius Nigidius Major*. Cette affiche est inscrite sur un enduit carré; les caractères en sont de couleur noire, et l'on aperçoit que sous elle, il y en avait eu une autre.

---

tit. 2. *Epist*. 3. ad fr. et 13 *Epist*. 2. Reinesius le confirme par la découverte d'un marbre (class. VII, page 307), portant cette inscription :

C. POMPEIVS DIOGENES EX KAL.
IVLIIS COENACULUM LOCAT.

Cneius Pompeius Diogenes, louera aux calendes de juillet, l'étage supérieur de sa maison.

INSVLA ARRIANA
POLLIANA GN. ALIFI. NIGIDI. MAI.
LOCANTVR EX. I. IVLIS PRIMIS TABERNAE
CVM PERGVLIS SVIS ET CAENACVLA
EQVESTRIA ET DOMVS CONDVCTOR
CONVENITO PRIMVM GN. ALIFI.
NIGIDI. MAI. SER.

Le 1er jour des ides de juillet Gnœius Alifius Nigidius Major, louera des boutiques avec leurs étaux, ainsi que les appartements et écuries d'une maison située dans l'île Arriana-Polliana ; celui qui voudra louer, devra s'adresser d'abord à l'esclave principal de Gnœius Alifius Nigidius.

Enfin le chevalier m'indiqua une autre proclamation trouvée ces années dernières sur le mur d'une basilique, dont nous aurons occasion de parler. On y lisait que la troupe de gladiateurs de *Numerius Festus Ampliatus* donnera de nouveau un spectacle le XVI. K. juin (c'est le 16 mai), que ce spectacle sera celui de la chasse, et qu'on étendra les voiles sur le théâtre.

N. FESTI AMPLIATI
FAMILIA GLADIATORIA PVGNA ITERVM.
PVGNA XVI K. IVN. VENAT. VELA.

D'autres affiches çà et là que l'on a eu soin de transcrire au fur et à mesure de leurs découvertes, et que le temps a effacées, n'ont plus été pour nous un objet de lecture. Nous regagnâmes ensuite le haut de la rue pour la suivre selon l'ordre des maisons ; les noms des habitans nous étaient tour à tour indiqués par les légendes ou d'autres formes d'inscriptions que nous y trouvâmes.

Corso, principale rue de Pompéi.

Pompéi offre au voyageur un spectacle imposant lorsque, dépassant sa porte, il dirige ses pas dans son enceinte; son imagination, électrisée à l'aspect de tant d'édifices publics et particuliers, concourt à mettre sous ses yeux toute l'antiquité : ce sont les usages du siècle d'Auguste, il en voit les habitudes, peut en analyser les arts, et son désir de voir et de connaître est d'autant plus ardent, qu'il voit, réfléchit et connaît d'avantage. Nous remarquâmes cet effet sur un voyageur accompagnant une dame qui entraient avec nous sous la porte de Pompéi; il nous fut facile de nous apercevoir de leur amour pour les recherches antiques, par le soin qu'ils apportaient dans l'examen de chaque inscription, de chaque pierre, et des moindres objets qui s'offraient à leur vue. La dame développait de grandes connaissances en peinture et en mythologie, et paraissait enchantée de ce qui pouvait y avoir rapport; après les compliments d'usage qui s'échangent entre ceux qui ne se connaissent pas, nous trouvâmes agréable de nous réunir en société, et de continuer ensemble le petit voyage.

Nous voici en face de la première maison à main droite, immédiatement après notre introduction dans la ville; la porte en est large, suffisante pour le passage d'un char; son seuil est sans gradin, et forme un niveau parfait avec la hauteur de la rue; beaucoup de ferremens de roues et d'ustensiles nécessaires à la confection des voitures que nous avons aperçus çà et là, et dans une chambre voisine, nous ont convaincus que cette maison était celle d'un loueur de chars ou de voitures, et pouvait correspondre à nos maisons de postes. On n'ignore pas qu'Auguste créa l'établissement des postes dans tout l'Empire, c'est-à-dire une communication de chariots de guerre ou de voyage, et de courriers partant spécialement de toutes les stations établies sur les chemins consulaires. Il y avait à Pompéi une de ces stations.

Vis-à-vis, à main gauche, est une maison presque toute renversée; on y distingue encore quelques parties de chambre, dans l'une desquelles on remarque ce qui constitue une salle à manger. Trois peintures trouvées sur l'enduit du mur de cette pièce, ont mérité l'observation des voyageurs : la première représentait une femme portant une couronne de laurier, occupée à pincer avec la main droite une lyre à cinq cordes ; une seconde offrait le portrait d'un jeune garçon qui lisait un *papyrus* qu'il tenait dans les mains. On le voyait assis sur une grande muraille carrée, qui figurait peut-être les murs publics de la ville. Dans une autre chambre on a trouvé la précieuse peinture qui représentait en trois sections les marais de l'Egypte. Beaucoup de roseaux et de plantes aquatiques du Nil y étaient dépeints ; des fleurs blanches, quelques canards, deux hippopotames et trois crocodiles, sur l'un desquels était assis un pigmée. Ces peintures détachées du mur, ont été transportées dans le Musée-Royal de Portici, où j'ai eu la satisfaction de les admirer. Leurs dessins se trouvent dans le cinquième volume des peintures d'*Herculanum*.

Nous entrâmes ensuite dans un bâtiment, désigné en latin sous le nom de *Thermopolium*, et qui est une distillerie de boissons plus ou moins chaudes ; sur les murs était écrit : PERENNIN NIMPHEROIS, autant que nous avons pu lire, ce titre étant en partie effacé. C'était une maison publique, une espèce de café semblable aux nôtres. Dans le fond de l'établissement ou voit un fourneau, et sur le comptoir en marbre blanc on remarque encore les taches des liqueurs que les tasses y ont laissées empreintes. Il est probable que ces liqueurs étaient composées avec du miel, et qu'elles pouvaient avoir quelque chose de corrosif qui pénétrât dans la pierre. On voit à côté des rayons où les tasses étaient disposées. Tout près de cette boutique il y en avait une autre semblable.

Nous retournant à main droite, nous y vîmes la maison d'*Albinus*, suivant l'inscription lisible encore, ALBINUS ; elle est toute renversée ; un Priape en sculpture se voit sur une boutique placée au sommet de la porte d'entrée. C'est mal-à-propos que l'on a induit de cette espèce d'affiche que la maison contenait une nombreuse famille, ou que c'était un lieu de prostitution ; ce Priape voulait simplement annoncer que ce lieu était une fabrique. C'est ainsi que nos marchands ont pour enseigne l'objet même de leur marchandise ; et en effet dans cette maison on a trouvé beaucoup de petits Priapes en or, en argent, en corail, en bronze, que les anciens suspendaient à leur col et appelaient *amulettes*. Ils espéraient en faire un préservatif contre les maléfices ou les enchantements. C'était donc là une fabrique d'amulettes (1); le chevalier nous dit en avoir vu beaucoup et de toutes les formes lorsque cette maison fut découverte: c'était des *scarabées*, des *oiseaux*, des *tortues*, des *dauphins*, et des *poissons*.

A côté de cette maison nous vîmes encore un café, semblable à ceux déjà mentionnés, avec son fourneau dans le fond, et son comptoir d'un marbre fort beau.

Vient ensuite l'habitation de *Popidius Rufus*, également renversée. Auprès de la porte on lit l'épigraphe suivante : *POPIDIVM RVFVM. AED. O. V. F.* La famille Popidius devait être en grande considération à Pompéi, puisque c'est l'un des auteurs de cette famille qui, à ses dépens, releva le temple d'*Isis*, et que peut-être le même *Popidius* était au nombre des quatre défenseurs de la colonie pompéienne, outre qu'il entretenait une école ou famille de gladiateurs.

---

(1) La fascination ou l'éblouissement était surtout considéré par les anciens, comme le résultat d'un charme irrésistible: pour s'en préserver *Plutarque* affirme qu'on mettait en usage les moyens les plus ridicules. Parmi ces moyens était l'emploi du Phallus ou Priape, non-seulement les hommes, mais les femmes et les enfans le portaient appendu à leur col ou sur des anneaux, mais encore ils poussaient l'absurde jusqu'à le porter en procession à travers les campagnes, comme l'atteste St. *Augustin*. De civ. Dei. l. 7. c. 24. Voyez *Vossius* au mot Fascinium.

Huit ou dix maisons renversées s'offrent ensuite à la vue avant de rencontrer celle de *Marcus Cerrenius*, comme on l'apprend par la légende M. CERRINIVM; c'est à lui qu'a été érigé un tombeau à l'entrée de la porte de la ville; à côté était l'habitation de *Cajus Nivillius*, C. NIVILLIUM.

A peu de distance de là, était la maison de *Caïus Cejus*, vis-à-vis la fontaine; on a fait de cette maison le corps-de-garde actuel; on peut encore y lire, quoiqu'à peine, l'épigraphe suivante : *C. CEIVM SECVNDVM AED VENER. ROG.*; elle ne laisse pas de doute sur la qualité de Cejus : il était du collége des *Vénéréens*, ou du nombre de ceux qui servaient dans les bains à l'appartement dit *Venereum*; nous avions précédemment exploré son tombeau hors de la porte de la ville.

Toutes les habitations déjà visitées par nous, et celles qui suivent du côté droit, ne présentent que des ruines; nous supposons que le tremblement de terre de 63 les avait mises dans cet état; à peine quelques-unes ont-elles conservé leur façade, toujours formée de briques, avec des chapiteaux qui représentaient des têtes d'hommes ou des sphinx. C'est ainsi que le sommet du frontispice des maisons de Pompéi était composé. Plus loin nous eûmes occasion de remarquer un beau pavé en marbre à quatre pans, et dans un vestibule une élégante mosaïque, où était représenté un lion. Les souterrains de cette partie de la ville ont quelque chose de surprenant ; les anciens les appelaient *Crypto Porticus* ; dans l'un d'eux nous vîmes un bel ordre de colonnes, peut-être pour l'ornement d'un jardin ou d'un bain, peut-être servant de décoration à un réservoir. Toute cette partie de la ville était posée sur la pente de la colline, de manière que pour élever les constructions au niveau des rues adjacentes de l'autre côté, il avait fallu faire des décombrements, et des édifices presque cachés dans la terre. Notre curiosité se borna à les examiner de la partie élevée de la rue, et nous ne pénétrâmes pas dans leur intérieur.

Etant parvenus jusqu'à cette habitation, que j'appellerai du *lion* à cause de sa mosaïque, nous retournâmes sur nos pas pour reprendre, du côté gauche de la porte, la visite des monuments et maisons qui s'y rencontrent à partir des deux cafés dont j'ai déjà parlé.

C'est là que nous trouvâmes une des plus belles maisons de Pompéi ; elle embrasse trois enceintes d'appartements, ou plutôt elle est composée de trois maisons sur le même plan, deux d'acquisition et celle du propriétaire. Elle a en conséquence trois cours avec le portique d'usage, soutenu tout autour par des colonnes, et outre l'unique entrée, conservée jusqu'à ce jour, elle avait une issue dans la partie opposée sur une ruelle. Nous nous arrêtâmes un peu pour la visiter.

Un *Cicerone* accoutumé à conduire les voyageurs dans Pompéi, nous assura, avec cet air convaincu qui ne doit pas laisser de doute, que c'était là l'habitation des Vestales: puis il nous raconta le devoir qui leur était imposé, de conserver en même temps le feu sacré et leur virginité; et il n'oublia pas de nous dire de quelle peine rigoureuse elles étaient punies lorsqu'elles y manquaient. Nous le laissâmes débiter sa science et passâmes outre.

Nous voici sur le seuil de la porte. Le chevalier nous fit remarquer qu'en général les portes sont élevées à Pompéi, et qu'elles paraîtraient hors de proportion avec les toits des habitations, s'il n'était notoire qu'une partie de ces portes était destinée à servir de fenêtre et à éclairer le vestibule. Cette porte-ci au contraire était très petite, tellement que peu de personnes pouvaient y passer à la fois. Mais entré dans le vestibule, toutes les portes d'une hauteur demesurée, ayant leur partie supérieure en forme de croisée pour communiquer la lumière, frappèrent d'étonnement notre étranger. Il me semble, dit-il, me trouver dans un couvent de Moines, où toutes les cellules, les unes à la suite des autres correspondent également à une cour, et au milieu encore est une citerne comme j'en vois une ici. On peut bien dire que les Moines sont d'exacts imitateurs de l'antiquité, car ils n'en ont pas conservé seulement la tunique et la toge, ils en ont encore conservé l'architecture. Tandis que nous étions appliqués à examiner une à une les chambres de cette belle maison, c'est-à-dire l'*exedrum*, ou salle à recevoir, qui est sans porte et en face de l'entrée de la cour; le *cubiculum* avec son alcove; le *balneum*, ou appartement de bain, et le puits qui l'accompagne; la *culina*, ou cuisine à l'écart; le *dispensorium*, ou la dépense avec son moulin à grain; le *lararium*, ou l'oratoire avec des niches comme dans nos chapelles, et jusqu'à la toilette où les dames allaient se parer; celle qui était dans notre compagnie ne fixait ses regards que sur les tableaux qui embellissent cette habitation; elle parut examiner surtout certaines figures de femmes nues, peintes dans la chambre à coucher, et dont elle louait le dessin ; de là portant la vue sur d'autres peintures qui sont dans la chambre à toilette, elle remarqua que les dames avaient dans l'antiquité l'habitude de se faire parer par des femmes. Diverses autres peintures furent encore l'objet de ses observations. Le chevalier nous raconta à cette occasion qu'on avait enlevé de dessus le mur d'une de ces chambres pour la transporter au Musée-Royal, une peinture fort belle représentant un fleuve sous la forme humaine avec son urne et ses roseaux. Les pavés en mosaïque, dont ces appartements sont ornés, n'excitaient pas moins notre admiration ; les figures qu'ils représentent ont donné lieu aux différentes dénominations des chambres. Il y a celle des *serpents*, à cause d'une mosaïque où ils sont figurés ; celle du *labyrinthe*, des *cimiers*, de *la corne d'abondance*, des *fleurs*, et tant d'autres encore dont les mosaïques diffèrent entre elles par leurs compartiments ou tableaux, leurs contours et leurs capricieux effets. Il faut convenir, dit la dame, que le goût des anciens pour ces espèces d'ouvrages de marquetterie s'établissant par compartiments, et composés d'une ou de plusieurs couleurs, a été porté à la perfection. Tous les pavés de leurs chambres, suivant leurs destinations, en étaient plus ou moins embellis, comme nous le voyons dans cette maison : le dessin en était varié et élégant, et l'exécution bien entendue. Arrivés à la porte qui donne dans la ruelle sur le derrière de l'habitation, le vestibule nous offrit un pavé en mosaïque d'une construction toute particulière ; il y était écrit en gros caractère : *Salve.* (Je vous salue.)

Dans cette maison, parmi les découvertes qui s'y firent, on put remarquer le squelette d'un homme dans une chambre, celui d'un petit chien dans une autre, et quantité d'ornements d'or, destinés à parer les dames, qui étaient placés dans la chambre à la toilette.

Mais à qui avait appartenu cette maison ? aucune inscription n'a été aperçue sur elle ; et s'il s'en rencontrait une, je ne serais pas surpris qu'elle indiquât *Claudius*, qui fut ensuite empereur, comme y ayant fait sa résidence. *Suétone* nous apprend dans la vie de Claude, (chap. 5 et 27), que, haï de *Tibère*, il avait renoncé aux dignités, et s'était réfugié dans la Campanie pour vivre avec sécurité et tranquillité. C'était à Pompéi, ajoute l'historien, qu'il avait fixé sa demeure, et c'est dans cette ville qu'il perdit son fils *Drusus*, étouffé par une poire qu'il avait jetée en l'air par forme de jeu, et qu'il essayait de recueillir avec la bouche.

Avant de reprendre notre cours d'observations sur la voie publique de Pompéi, nous jugeâmes à-propos de nous entretenir un peu de cette ruelle, où aboutit l'une des portes, et dont les décombres enlevés nous facilitaient l'entier examen. Elle commence au mur public derrière les maisons de la grande voie consulaire, et se termine à la fontaine dont nous aurons occasion de parler; sa largeur n'est pas de plus de six pas; elle a deux élévations latérales avec sa pierre au milieu pour les franchir.

Différentes maisons ont été découvertes du côté de la ligne orientale de cette ruelle; parmi elles, trois méritent d'être visitées; aujourd'hui elles sont fermées avec une barrière en bois. Dans la première, du côté de la fontaine, il existe dans le vestibule des peintures fort belles représentant des constructions d'une architecture bizarre, et d'aimables nymphes dans de gracieuses attitudes. On y remarque la cour qui reçoit l'eau des toits avec son réservoir en marbre: elle est au fond de l'habitation, vis-à-vis la porte de la maison. Les petites chambres latérales sont ornées de beaux pavés en mosaïque ; à cause de deux figures d'*Isis* et d'*Osiris* qui sont peintes sur le mur intérieur de cette maison, et qu'on aperçoit dès qu'on y entre, nous lui avons donné le nom de maison d'*Isis* et d'*Osiris*.

L'habitation suivante possède encore plus d'ornements ; tous les appartements sont décorés de peintures gracieuses ; au milieu est une cour découverte, entourée d'un péristyle que soutiennent des colonnes de stuc ; l'eau qui découlait de dessus son toit, à présent renversé, courait par un petit canal qui circulait à l'entour et se réunissait dans des citernes souterraines dont les profondeurs sont encore visibles, où du moins les margelles qui sont en pierre de travertine. A l'un des côtés de cette cour, on voit dans le mur une chapelle dont l'architecture offre un frontispice à trois pans, soutenu par deux petites colonnes de stuc. On y trouva le bel *Appollon à la lyre*, statue de bronze, dont la lyre portait trois cordes d'argent ; on la voit au Musée-Royal. Cette découverte nous a fait appeler cette maison du nom d'*Apollon*. Ses murs sont intérieurement couverts de figures à fresque, qui représentent des objets d'ornements militaires, tels que des boucliers, des cuirasses ; les appartements sont pavés de belles mosaïques. Dans l'une des chambres est une peinture détachée d'un mur, et suspendue comme le sont nos tableaux ; elle représente une nymphe ailée, avec un rameau d'olivier dans une main, et une corne d'abondance dans l'autre. Aujourd'hui elle concourt à l'ornement du Musée-Royal. On a trouvé dans l'une des parties de cette maison quantité de pièces de marbre et de tuiles, indication certaine de la restauration qu'on était occupé à faire depuis le tremblement de terre. On découvrit encore ici des serrures en bronze et en fer ; une balance ayant un bassin en bronze attaché par trois mailles bien travaillées, dont le contrepoids représentait une tête avec un petit casque ; un beau chandelier en bronze de la hauteur de quatre palmes et demi, qui était supporté par trois pieds terminés en têtes d'animaux et pattes de lion ; et enfin beaucoup de vases de cuisine en bronze, dont la forme était fort élégante. Toute cette belle et riche collection d'ustensiles à l'usage des anciens, se retrouve aujourd'hui dans le Musée-Royal.

Dans la troisième maison remarquable, toujours du même côté, on a trouvé, comme dans les précédentes, quantité de belles peintures, et en outre de fort beaux vases de cuisine en bronze, et beaucoup aussi en verre; parmi ceux-ci les verres à boire méritèrent d'être remarqués : le pourtour en est uni de la largeur d'un pouce, et au-dessous descendent jusqu'au fond du verre six cannelures qui le terminent régulièrement. La longueur du temps, pendant lequel ces verres ont été enfouis sous un terrain humide, ayant décomposé leur superficie, y a fait naître des écailles qui brillent de couleurs diverses comme l'Iris. C'est encore dans cette chambre qu'on fit la découverte d'une caisse en bois qui contenait une grande quantité de fèves de la petite espèce, et qui étaient transformées en charbons; peut-être était-ce la provision destinée par le maître à la nourriture des bêtes de somme? Ayant lu sur le mur extérieur de cette maison, du côté de sa porte, le nom de *M. PVPIVM AED. ROG.*, quoiqu'en partie effacé, nous appelâmes du nom de *Pupius* cet édifice.

Le chevalier remarqua, tant dans cette rue de Pompéi que dans les autres, différentes maisons qui avaient été restaurées par leurs anciens habitans, plusieurs peintures refaites, des pavés replacés, des murs recrépis. Il est probable que ces restaurations datent du tremblement de terre que l'on peut appeler la première affliction de cette cité. L'éruption du volcan qui la couvrit de cendres étant arrivée peu de temps après, les restaurations faites dans cet intervalle, ont été si bien conservées, qu'on les trouve dans un état parfait de fraîcheur.

Revenus à la rue principale, nous entrâmes dans la maison qui suit celle de *Claude*, et qui était une *école de chirurgie,* ou un *amphithéâtre d'anatomie*. Nous n'hésitâmes pas à la désigner de la sorte en y trouvant des instruments de chirurgie au nombre de plus de quarante ; la plupart étaient semblables aux nôtres, d'autres étaient d'une forme différente, et peut-être aussi pour des usages dont nous ne connaissons pas la pratique ; on les a tous déposés au Musée Royal. La maison est noble et spacieuse, ses pavés sont en mosaïque, et l'on y voit des peintures gracieuses ; un parvis découvert avec un parterre embellissent le fond de cet édifice. On a mis au jour les anciennes allées du jardin, et on y foule le terrain antique dont se composait sa surface.

Passant sans examen plusieurs maisons en ruine qui suivent celle-ci, nous arrivâmes au *ponderarium*, c'est-à-dire l'hôtel public du pesage, dont le pavé est en mosaïque, dont la porte a trente pieds de large, édifice qui correspond à notre *douane*. En effet quantité de poids en marbre, la plupart ronds et de différentes grosseurs, d'autres en basaltes, différenciés par des trous, et ayant des angles relevés, y étaient réunis; on lisait sur quelques-uns l'indication *C. PON*, c'est-à-dire *centum pondo*, poids de cent livres ou simplement *PON*, poids; et sur d'autres *TA*, *Talentum*, talent. D'autres petits poids carrés en plomb portent d'une part le mot *EME*, de l'autre *HABBEBIS*, c'est-à-dire *achetez, vous aurez*; on y trouva aussi des balances avec des doubles bassins et des *fléaux* ou *pesons* semblables aux nôtres. Sur la flèche étaient marqués les nombres *I, II, III, IV, V, VI, VII, VIII*, avec un poids pendant, de vingt deux onces, ayant la forme d'un Mercure; sur d'autres fléaux ou pesons on remarquait le long de la verge, du côté opposé aux numéros simples, *V, X, XV, XX, XXX*. Au fond de la salle, nous vîmes le piédestal en marbre d'une statue qui n'y était plus.

L'édifice suivant était une manufacture de *savon*. Nous observâmes que la première pièce contenait des tas de *chaux*, qui servaient à sa composition; dans la suivante, il y avait cinq cuves oblongues, d'un enduit très-dur, où on mettait refroidir la matière.

Deux cafés, ou boutiques de restaurants, se présentent ensuite au voyageur. Les anciens avaient beaucoup de ces établissements, comme aujourd'hui nous en avons nous-mêmes quantité dans nos grandes villes.

Cette ligne de maisons est terminée par un réservoir d'eau, et finalement par une fontaine. Elle consiste dans un vaisseau carré de pierre du Vésuve, dans lequel l'eau découlait par un conduit supérieur, dont on voit encore la trace. A cette extrémité, la ruelle vient aboutir en pointe à la rue principale, et celle-ci donne naissance à deux passages inverses à droite et à gauche.

Continuant notre chemin, sans quitter la grande route qui traverse la ville et en fait la rue principale, nous trouvâmes à gauche, plus loin que la fontaine, le four public; notre admiration s'étendit sur la construction favorable de la voûte qui pouvait être échauffée avec peu de matière combustible; à la bouche de ce four était encore son couvercle en fer, et çà et là des vases de terre cuite, assez grands pour contenir de l'eau. Il y a également dans cette chambre trois moulins à grains ; chacun de ces moulins a une base circulaire de terre dure, du milieu de laquelle s'élève une pierre en forme de cône ; sur sa surface est appliquée une autre pierre, percée de deux trous, et ayant outre cela un passage arrondi à son sommet, par où on fait descendre le grain. Le chevalier dit à la dame, qui était dans notre compagnie : Il suffit de deux personnes qui placeront chacune un levier dans les deux trous pour faire mouvoir cette machine : ils feront tourner avec vitesse la pierre supérieure, qui broyera le grain après l'avoir fait introduire petit à petit par son mouvement entre la pierre inférieure ; puis le grain, réduit en farine, tombera sur l'aire que vous voyez au-dessous. On en a fait plusieurs fois l'essai, et le résultat a été celui que je vous indique. Alors cette dame témoigna le désir d'avoir un modèle de ce moulin à bras, et le chevalier promit de le lui procurer.

Nous vîmes ensuite une boutique de marchand d'huile et de vin. La ville en contient beaucoup de semblables ; on en peut tirer un argument pour démontrer que sa population était considérable. De grands vaisseaux en terre cuite, au nombre de six, ont été trouvés près de là enfouis sous les cendres, et des fourneaux dont nous ne connûmes pas l'usage, construits dans le même emplacement, tendraient à établir la même preuve.

Nous voici près d'une des plus nobles habitations de Pompéi; c'est la maison qui appartenait à *Caïus Sallustius*, suivant l'épigraphe. *C. SALLVSTIVM. M. F.* Après avoir franchi le vestibule, large de dix palmes et long de douze (1), nous entrâmes dans l'avant-cour qui, contre l'usage ordinaire, n'était pas entourée d'un portique; six portes latérales qui conduisaient à six appartements différents, prenaient jour sur elle. C'est de là qu'on peut remarquer l'élégant travail des chapiteaux, des bordures, et des corniches, composés des stucs les plus beaux; et parmi ces ornements si distingués, une rose attache surtout les regards. Au milieu de cette avant-cour, où est situé le bassin ordinaire qui reçoit les eaux pluviales, s'élève un grand piédestal sur lequel on a trouvé placée une *biche* de bronze; un *Hercule* jeune encore, de la forme la plus parfaite, était assis sur cette biche (2); de la gueule de l'animal l'eau tombait

---

(1.) Douze palmes font à peu près huit pieds.
(2) Parmi les travaux d'Hercule, on sait que celui qui lui avait été imposé par *Euristée*, consistait à se saisir, sur le mont *Menalaüs*, d'une biche aux pieds de bronze et aux cornes d or.

dans une belle conque de marbre grec; derrière la base de la statue, on trouva une table en *chipolin*, dont les pieds, de jaune antique, représentaient les serres d'un aigle. A gauche étaient deux chambres peintes à compartiments de différentes couleurs, avec des tableaux variés, représentant des grotesques comiques, ou des oiseaux, ou des quadrupèdes. Au fond de l'habitation, vis-à-vis l'entrée, est l'*exedra*, ou salle de compagnie, pièce de grande dimention et sans fermeture; derrière est la terrasse, ou parterre, local délicieux, embelli de différentes colonnes en stuc. Là se trouvaient réunis d'un côté le *nympheum*, ou petite salle de bain, et la fontaine qui y versait son eau; et de l'autre un réservoir en forme de puits, servant à un jardin qui devait être orné de fleurs; situé au centre de cette belle galerie, il était destiné à ajouter par son parfum à tant de délices. Dans ce parterre on reconnaissait les anciens dessins et allées sur le terrain découvert; le mur qui y fesait face en accroissait encore le charme par la variété des figures qu'il offrait aux spectateurs; c'était des arbres, des bosquets, des oiseaux, des poissons, des lièvres et des volailles, peints dans différents compartiments. L'étranger nous fit l'observation qu'il devait y avoir eu autrefois dans cet endroit une espèce de garenne, où les lièvres et les autres quadrupèdes représentés trouvaient leur nourriture. Peut-être la volière, ou l'*ornithotrophium* des Grecs, qui renfermait différentes espèces d'oiseaux et une cage à loirs, étaient-elles placées dans cette partie du logis? La cage à loirs était composée d'une réunion de niches en terre cuite disposées en rond, où les anciens élevaient ces animaux pour servir à quelques usages bizarres, dont nous ne pouvons pas rendre raison; car il n'est pas venu à notre connaissance qu'ils les aient jamais mis au nombre des mets dont ils se nourrissaient. (1)

Du côté de la salle de bain on a découvert, il y a peu de temps, une table en marbre blanc, soutenue par un seul piédestal, que les Grecs appellent *monopodium*; autour étaient trois siéges. C'était peut-être là le *triclinium* des

---

(1). *Varron*, dans son traité *De re rusticâ*, livre III. « Glires seginantur in doliis, quæ etiam in villis habent multi, quæ figuli faciunt. In hoc dolium addunt glandem, aut nuces juglandes, aut castaneam. Quibus in tenebris fiunt pingues »

« Les Loirs sont engraissés dans des niches en terre cuite
» que fabriquent les potiers; on en voit beaucoup dans les
» maisons de campagne. On leur donne pour nourriture des
» glands, des noix, ou des châtaignes, et on les tient dans
» l'obscurité pour les engraisser. » Dans la cour du Musée-Royal on peut voir quelques-unes de ces cages à loirs.

anciens, demanda la dame... précisément, répondit le chevalier. Les anciens avaient leur table à manger pour deux, trois, six personnes, comme nous avons aujourd'hui nos carosses : suivant le nombre des convives, on était introduit dans le *biclinium*, le *triclinium*, l'*hexaclinium*, l'*heptaclinium*, et les mets étaient apprêtés pour deux, trois, sept personnes plus ou moins, et servis sur une table ronde. C'était alors que l'on usait du *sigma*.... lit pour s'asseoir à table.

Ah! quelle mode insupportable était celle de se placer sur des lits, trois ou quatre l'un à côté de l'autre, le coude gauche posé sur la table, les jambes étendues sur ce lit, ou banquettes? et surtout pour les dames! Telle était pourtant la mode, lui répliquai-je, que les Romains apportèrent des peuples d'Asie qu'ils avaient vaincus, alors qu'avec la conquête s'introduisirent chez eux les richesses et les coutumes orientales, que *Caton-le-Sévère* disait être la ruine de la république. Dans les siècles anciens où la vertu était en honneur, les convives s'asseyaient à table comme nous. C'est de la sorte qu'*Homère* fait asseoir ses héros et ses dieux. Tout dégénéra ensuite et tendit à la mollesse. Vous seriez étonnée si je vous répétais ce que plusieurs observateurs, et entre autres le père *Monfaucon*, ont dit à cet égard. Ils attribuent cette coutume de se coucher pour manger, à l'usage immodéré du bain. Comme on se mettait à table immédiatement après être sorti du bain, plein de langueur et de faiblesse, on trouvait fatiguant de se tenir assis ou debout ; et pouvait-il y avoir une mollesse plus recherchée ? Ajoutez que ces efféminés, dès qu'ils étaient rassasiés ou enivrés, s'étendaient tout-à-fait couchés sur leur dos ou sur leur ventre, appuyant la tête sur un oreiller ou coussin, et dans cet état continuant à manger. Mais ne croyez pas que leur délicatesse reposait sur le marbre ou le bois, ils avaient sous eux un lit de plume recouvert d'une courte-pointe de pourpre, ou d'autre étoffe en soie, ou d'étoffe en or, qu'ils appelaient *stragula*; à leurs pieds étaient placés les parasites qu'ils admettaient pour se récréer et les *ombres*, c'est-à-dire ceux qui dépendaient d'un patron ou qui étaient introduits par quelques amis invités. Rome abondait du temps d'Horace en gens de cette espèce ; on disposait pour eux des places aux banquets, *locus est et pluribus umbris*. Nos villes ne sont pas non plus dépourvues de ces convives. J'ai eu le plaisir de voir à *Portici*, dans le Musée-

Royal, une peinture que l'on avait détachée de dessus un mur d'*Herculanum*, et qui représente très-bien un *biclinium*, table à deux couverts. On y voit un jeune homme étendu sur un lit, recouvert d'une courte-pointe blanche; il a le coude gauche appuyé sur la table, et sans chaussure (*soleœ*) à ses pieds; car jamais les anciens n'en conservaient alors; il porte un habillement qu'on appelait *sintesi* ou *cenatoria*; habillement de table. Sa main, qui est libre, tient une corne pleine de vin, dans l'attitude d'un homme qui veut boire, sans cependant approcher encore le vase de sa bouche; à côté de lui est étendue une jeune dame ayant un filet en or autour de la tête; une de ses mains est appuyée sur la table, et avec l'autre elle indique un esclave qui vient et qui apporte une petite caisse contenant probablement des liqueurs; devant eux est une table soutenue par trois pieds, et sur laquelle on remarque trois couverts; la table et le plancher sont jonchés de fleurs. Cette peinture fut considérée comme une des plus curieuses qu'aient offert les fouilles; c'est ainsi du moins que l'ont appréciée les académiciens d'*Herculanum*, qui en ont publié le dessin dans le premier volume des antiquités de cette ville.

Aprés avoir terminé nos observations sur la manière dont mangeaient les anciens, nous retournâmes au vestibule, afin de nous introduire dans les chambres à coucher; nous en trouvâmes la porte fermée par une barrière en bois. Différentes chambres composent cette partie de la maison; elles tirent leur jour d'un jardin ouvert, entouré d'un péristyle. Les colonnes à huit pans qu'on y remarque sont, ainsi que les chambres, peintes du rouge le plus éclatant. La dame tourna aussitôt ses regards vers une peinture qui occupe tout le mur qui fait le fond du péristyle, où est représenté *Actéon* déchiré par deux de ses chiens; et non loin de là *Diane* nue et pudique, aperçue par lui dehors du bain. L'art du peintre y a vivement exprimé les différentes émotions dont étaient saisis les personnages de ce tableau. Elle passa à l'examen de deux autres qui sont situés à la partie opposée de la salle; le premier représente l'enlèvement d'*Europe*; le deuxième, **HELLEE**, tombée dans la mer Égée; et **PHRYXVS** qui passe le détroit à la nage sur un mouton. Nous eûmes le plaisir de lui entendre expliquer le sens allégorique de ces fables, et particulièrement l'établissement des colonies phéniciennes en Europe.

De l'un et de l'autre côté du péristyle décoré de peintures, se trouvaient deux chambres à coucher; celle à droite est ornée d'un riche pavé de marbre africain le plus rare, et dont les compartiments offrent un agréable dessin. Le plafond représente *Vénus*, *Mars* et *Cupidon*; au côté droit du mur on voit un oratoire ou une niche avec un frontispice. On y a trouvé une petite idole de métal, une cassolette en or du poids de trois onces, et une pièce de monnaie en or, douze autres en bronze, frappées sous le règne de l'empereur, Vespasien. Dans la chambre à coucher, à gauche, on a remarqué huit petites colonnes en bronze, dans lesquelles étaient incrustées des pièces de bois doré, servant de décoration au lit; on a trouvé aussi dans des niches des tables peintes, dont il ne reste plus que des fragments.

Nous ne négligeâmes pas de voir la cuisine, les lieux d'aisance et la dépense, où l'on s'introduit par le même vestibule découvert : ces pièces sont situées à droite, après la chambre à coucher dont nous avons parlé. On y a découvert quantité de vases en bronze, coupes, pots à mettre devant le feu, etc. Et à travers ces ustensiles de ménage, un anneau d'or dont le chaton est une agathe très-brillante, sur laquelle un cheval est sculpté. Nous consacrâmes plus d'une heure à l'examen de ce bel édifice, et notre curiosité s'attacha surtout à des peintures, des stucs, des pavés dont il serait trop long de donner le détail. Vis-à-vis de cette maison, du côté de la petite rue, on a trouvé, en décombrant, quatre squelettes, et parmi leurs os, cinq bracelets, deux anneaux surmontés de pierres, deux pendans-d'oreilles et un lacet à mailles, le tout en or; et en outre trente-deux pièces de monnaie et un plat en argent avec un chandelier et des vases en bronze.

Sortis de la maison de *Caïus Sallustius*, nous visitâmes celle de *Julius Cecilius Capella* suivant son indication J. C. C. DVVMVIR; elle est entièrement en ruine. Outre cette inscription nous en vîmes encore sur son mur une autre en caractères *osques* ou *samniens*, qui fut lue par les académiciens d'Herculanum ainsi qu'il suit : EKSVC AMVIANVR EITVNS ANTER TIVRRI XII INIHEL SARINV PVPH PHAAMAT MR. A. ARIRIS. V., c'est-à-dire : *Ex hinc viator iens ante turri XII, inibi Sarinus Publii cauponatur, ut adires, vale.* « Voyageur, en traversant d'ici jusqu'à la douzième tour; là, *Sarinus*, fils de *Publius*, tient auberge. Porte-toi bien.

Ce serait une épigraphe pour indiquer au voyageur que de là pour aller à la douzième tour, on passera par l'hôtellerie de Sarinus. Ce pourrait bien être aussi l'indication du mont *Sarus*, d'où découle la rivière de *Sarus*, suivant *Vibius Sequester*; ou l'annonce qu'à douze milles de distance on trouverait une hôtellerie. Les anciens pour l'utilité des voyageurs fesaient placer sur leurs routes de semblables inscriptions.

Une boutique de marchand d'huile ou de vin se présente à la vue après cette maison délabrée. On y voit encore, comme à toutes les autres, des rayons surchargés de vases.

Arrivés là, au lieu de suivre la voie romaine, nous entrâmes à gauche dans une ruelle; à l'entrée de cette ruelle, était la pierre qui sert à enjamber d'un trottoir sur un autre. Le mur de la partie droite de cette ruelle est entièrement neuf; il date de la restauration que le propriétaire du terrain a fait faire à la suite du tremblement de terre de l'an 63.

Par ce chemin nous sommes arrivés à la maison de *Modestus*, suivant l'épigraphe que porte cette partie de muraille MODESTVM AED. R; ici la ruelle, tournant au nord, se termine aux murs publics, d'où partent deux rues se dirigeant l'une à l'orient, l'autre au midi; c'est dans ces rues que l'on emploie les ouvriers pour la prolongation des découvertes.

En face de la maison de *Modestus*, sur l'autre ligne de la ruelle, il n'y a pas long-temps que l'on a découvert une maison dont l'architecture paraît fort belle. On a eu lieu d'y observer, parmi les autres particularités, qu'elle avait un étage supérieur; ce qu'on distingue bien par la disposition dans laquelle on a trouvé les poutres. Autour de l'*impluvium* de cet édifice, c'est-à-dire du réservoir carré où venaient aboutir les eaux pluviales, on voit plusieurs compartiments en maçonnerie, dans lesquels on cultivait sans doute des fleurs ou des plantes odoriférantes. Le vieux terrain qui les avait vus croître existe encore. Sous l'escalier en ruine qui conduisait à l'étage supérieur, on a trouvé des fioles de verre en grande quantité, et dans les murs du vestibule et des chambres latérales, différents dessins d'architecture élégante, de gracieuses nymphes suspendues en l'air sur un fond rouge, portant agréablement, dans des tabliers, de belles fleurs et de beaux fruits; voilà pourquoi nous avons donné à cette maison le nom de *maison des fleurs*.

Poursuivant nos recherches dans la même

direction et du même côté, nous avons trouvé la boutique d'un forgeron (1). La quantité de fer découvert dans cet endroit et particulière des roues et des axes de roues, des instruments en fer, tels que des tenailles et des marteaux, ne nous ont pas laissé de doute sur la désignation de cette boutique. Elle n'occupait qu'une chambre du devant de l'habitation qui était composée de plusieurs pour différents usages ; à droite on aperçoit les vestiges d'un appartement de bain, et à gauche, une cave, reconnaissable par quantité de bouteilles à long col qui y étaient déposées. Au fond de l'entrée de cette maison, nous vîmes avec plaisir un four public, mais plus ingénieux et plus solide que

---

(1) Ces boutiques avaient toutes extérieurement une enseigne en peinture; nous avons indiqué que le marchand d'amulettes, avait sa montre en relief et en terre cuite. Au Muséum de *Portici*, et principalement dans la salle où est déposé le petit Autel d'Isis, on en peut observer plusieurs d'un travail médiocre, et dans le goût des enseignes de notre rue Catalane. On y voit les fabricants de chaudrons et d'autres ustensiles de cuisine ; dans toutes les postures qu'exige leur fabrication ; la boutique du savetier et du cordonnier y est représentée, l'attelier du potier, celui du forgeron ; et enfin on y voit l'enseigne du pédant qui montre à lire : il y est en peinture, fouettant un malheureux enfant qui n'a su décliner un nom; les auberges, les cafés et les différentes tavernes, ont tous *leur montre* en peinture ; l'étalage du vendeur et la joie de ceux qui y viennent boire n'y sont pas oubliés.

celui que nous avions vu déjà; on y remarquait entr'autres, la chambre ou l'étuve où se pétrissait le pain, et une petite ouverture par laquelle on passait ensuite ce pain dans le four; une quantité de vases d'argile, propres à contenir l'eau, et quatre moulins à grain. Les Anciens portaient le grain au four, et là ils avaient la commodité de trouver le moulin nécessaire pour le broyer, les pétrins pour le préparer et le four pour le cuire. La grande entrée de ce four était du côté de la ruelle. Lorsque nous fûmes sortis de cet établissement public, l'étranger se rappela que vis-à-vis devait correspondre la maison, appelée *du lion*, qui fut la dernière que nous observâmes dans cette partie de la ville du côté droit. Recommençons, nous dit-il, le trajet que nous venons de faire en examinant l'autre côté de la rue tant que les fouilles nous le permettront.

En suivant son avis, nous attachâmes nos regards du côté droit en partant de la maison *du lion*, et après avoir passé rapidement devant quelques habitations en ruine, nous arrivâmes à celle de *Svettius Herennius*, d'après son épigraphe : SVETTIVM. I. F. HERENNIVM.

La maison de *Julius Polybius* est contiguë à celle-ci; une annonce l'indique en ces termes :

C. IVLIVM POLIBIVM II, VIR. VATIA-R..;
elle devait être fort agréable d'après les dispositions des chambres que nous avons remarquées, et à cause de son joli point de vue ; elle était d'ailleurs presque toute renversée. A main droite une élégante mosaïque, où est représenté le chasseur *Actéon*, sert de pavé à une petite chambre (1).

Nous vîmes ensuite la maison de *Julius Æquanus*, comme le porte l'inscription : I. F. II, VIR. I. D. AEQVANVS ; elle paraît unie à celle de Polybe. Dans le grand vestibule découvert, il existe encore quelques colonnes en stuc, peintes en mosaïque, qui produisent un bel effet.

Après cela, plusieurs boutiques ruinées se sont offertes à nos regards jusqu'à ce qu'arrivant à une petite rue qui tourne au midi, on rencontre un terrain qui n'est pas encore mis à

---

(1) M. *Cassito*, dans ses nouvelles fables de Phèdre, avec commentaire, 3me édition de Naples 1811, voit dans la maison de Polybe, celle de Phèdre, qui s'était, comme Claudius, retiré à Pompéi pour éviter les persécutions de *Tibère* et de *Séjan*, il dit que son nom était *Polybe*, auquel on ajouta le surnom de Phedrus, qui veut dire joyeux. De plus, il prétend que ce *Vatia* qui fait un compliment à Polybe dans l'inscription, est le même que désigne Sénèque (*Epître* 55.), qui comme eux se réfugia en Campanie sous le règne du soupçonneux Tibère.

découvert. Les fouilles cessent ici d'offrir le surplus de la ville aux regards des voyageurs.

Reprenant le côté opposé, à la distance de trois maisons, nous sommes entrés dans l'académie de musique : c'est une habitation très-grande et très-convenable, ayant une cour, au fond de laquelle nous vîmes sur la muraille une peinture représentant deux serpents qui s'entrelaçaient autour d'un autel placé sous un oratoire. Les vastes chambres à gauche sont toutes ornées de peintures, représentant des instruments de musique. Nos modernes compositeurs pourraient s'y exercer à la recherche de nouveaux instruments à ajouter à ceux que nous possédons. Le *crotulum*, (espèce de cymbale composée de deux lames en cuivre), le *systrum*, la trompette à six trous, les flûtes appareillées, etc. Une plaque de fer fixée en terre dans la salle principale, indiquait qu'elle était propre à y soutenir quelqu'instrument de musique, peut-être un *scabillum* (1) ; à droite on voit un appartement de bains.

---

(1) Au nombre des instruments dont les anciens se servaient pour accompagner le chant, tel que les flûtes, les flageolets, les guitares, les cymbales, les gobelets ou *testum*; plusieurs auteurs parlent du *scabillum*. C'était un instrument à vent, de la même espèce que nos orgues, que les joueurs de flûtes faisaient parler avec le pied au moyen d'une semelle en bois ou en fer

La maison de *Suettius*, SVETTIVM, qui se rencontre ensuite, n'a presque plus que son entrée debout; près d'elle est celle de *Caïus Julius Priscus*, C. I. PRISCVM; et enfin ou arrive à une boutique qui est en face où la rue se divise en deux. La partie qui descend au midi, comme nous l'avons dit plus haut, n'est pas encore découverte, et l'autre qui regarde l'orient est à peine déblayée.

Une peinture faite sur le mur de la boutique piqua vivement la curiosité de la dame qui nous accompagnait; elle représentait un gros serpent qui mord une pomme garnie de feuilles, assez semblable à une pomme d'ananas; elle induisit de là que cette boutique devait être d'un pharmacien. Du reste le serpent était chez les anciens non seulement le symbole de la santé, mais encore d'un bon augure, et sous ce rapport on trouvait son portrait dans presque

---

(Voyez Alb. Rubenius, *De re vestiar* chap. 17.) Il semble que notre *Stace* ait voulu parler de cet instrument lorsqu'il disait:

. . . . . Et ad inspirata rotari
Buxa. . . . . .

L'ancien Scoliaste ajoute à ces paroles: *Buxa, id est Tibiæ, Vel scabillum quod in sacris tibicines pede sonare consueverant.* Ces joueurs de flûtes, tout en soufflant dans ces instruments, touchaient avec le pied le *Scabillum*, qu'ils accordaient avec la flûte.

toutes les maisons; mais elle rencontra juste surtout parce que dans cette même boutique on a trouvé des vases avec des préparations chimiques séchées, des pilules et des alambics en quantité (1); un beau chandelier en bronze couronna la découverte.

Les autres maisons que nous remarquâmes en continuant notre course, nous furent inconnues, à moins que cette inscription C. I. P. II. VIR. ne voulut désigner une autre maison de *Caïus Julius Priscus*, duumvir; celle de *Suetius*, SVETTIVM II, VIR. D. R. P., c'est-à-dire digne de la république; l'autre de *Gneus Hilarius Sabinus*, GN. HILARIUS SABINUS; et enfin l'habitation de *Fortunata*, FORTV-NATA, à côté de laquelle était un marchand d'huile ou de vin, et dans la boutique une quantité d'amphores avec des comptoirs en marbre très-beau.

De l'autre côté de la rue, après plusieurs boutiques ruinées, on arrive à la maison de

---

(1) Dans une peinture d'*Herculanum*, trois habitués de la pharmacie étaient représentés. L'un agitait avec une cuiller une certaine liqueur placée dans un vase sur le feu; deux autres se fatiguaient autour d'un alambic d'une forme toute particulière, pour extraire de l'huile d'amande, dont on voyait déjà une partie recueillie par extrait. *Pitt. Hercul. vol...*

Marcellus, MARCELLUM D. O. V. F. c'est-à-dire *dignum orat, ut faveat*, et à celle de *Suettius Popidius*, édile, A. SUETTIUM POPIDIUM AED.; elles se sont trouvées presque toutes renversées.

Avant la maison de Fortunata, dans l'angle du chemin fourchu, la principale rue de Pompéi s'unit à une ruelle du côté gauche, ruelle qui va jusqu'aux murailles d'enceinte de la ville; une fontaine de la même forme que celle déjà décrite formait l'angle où se terminait l'alignement des maisons; l'eau avait son passage par une pierre, sur laquelle était sculpté un aigle qui se lançait sur un singe.

A côté de la maison de Fortunata à gauche, on remarque un autre four public de la même construction que les précédents; sur l'un des trois moulins qui sont de la dépendance de ce four, on lit ce nombre : SEX; sur la bouche du four on a mis à découvert un Priape (1), coloré de vermillon, composé de terre cuite, avec cette légende : *hic habitat felicitas*.

Pénétrant dans une rue voisine qui se dirige au levant, nous trouvâmes à notre gauche la maison de *Pansa*, suivant l'inscription qu'elle

---

1) Phallus.

portait sur son frontispice : PANSAM AED.
PACATUS ROG. Elle est remarquable par son
architecture supérieure à beaucoup d'autres de
Pompéi. Après avoir franchi le vestibule, on y
trouve la première cour découverte, pavée de
marbre blanc taillé en carré. Les chambres qui
sont sur les côtés, sont ornées de belles mosaïques ; de ces chambres on passe à une seconde
cour par deux escaliers en marbre, décorés
d'un péristyle fort noble qui règne autour,
soutenu par quatre colonnes sur le premier
plan, et par six sur les côtés. Ces colonnes sont
de pierres volcaniques, recouvertes de stuc
avec des chapiteaux et des cymaises d'ordre
corinthien. Quelques-unes de ces colonnes sont
encore debout, d'autres, renversées et cassées,
sont amoncelées dans un angle du bâtiment. Le
pavé et les canaux qui reçoivent les eaux sont
de beau marbre blanc. Au milieu de cette cour
(impluvium) est une grande pêcherie avec des
conduits en bronze ; on y remarque aussi un
puits. Plusieurs chambres à l'entour embellies
de peinture, et surtout deux chambres à coucher à gauche, mettaient cette maison au
nombre des plus commodes et des plus vastes.
Nous nous arrêtâmes dans la cuisine, et observâmes avec attention le foyer qui était sembla-

ble aux nôtres ; on y avait trouvé beaucoup de vases en terre et en bronze, et dans le foyer même la cendre que Pansa y avait laissée. Une chose encore plus singulière, c'est une grossière peinture qu'on voit sur le mur, représentant un *jambon*, une *broche*, une *anguille* et autres objets à manger qui sont du ressort de la cuisine. Sur un des côtés est le passage pour aller à la cave, et plus loin aux latrines. Au fond de cette seconde cour on voit une terrasse ouverte, terminée par un escalier de marbre qui conduit à un petit jardin par un long rang de colonnes bien conservées.

En face de la maison de Pansa, dans la même rue, est une file de maisons presque toutes renversées, dans une desquelles on remarque les traces d'une boutique de marchand d'huile ou de vin : on y voit des bouteilles à longs cols, et une large porte qui était celle d'*Epidius Sabinus*, suivant l'inscription EPIDIVM SABINVM. Viennent ensuite des ruines (1).

---

(1) Dans cette étendue de maisons, on découvrit en 1809, celle d'un marchand de couleurs, des échantillons de ces couleurs, au nombre de sept, furent envoyés à M. *Chaptal*, à Paris, pour être assujettis aux épreuves de la chimie. Il en est fait mention dans l'esprit des journaux, mois de mai 1809, vol. V, *Bruxelles*. M. Chaptal en désigna quatre qui n'avaient pas reçu de préparation de la main des hommes ; c'était une argile

Repassant à la voie romaine, nous vîmes en y allant quelques autres maisons que l'on venait de rendre au jour, et l'emplacement de celles qui n'étaient pas encore décombrées. Sur le pilastre d'une d'elles nous lûmes l'inscription ALFIVS NICIDIVS, dont nous avons déjà parlé.

---

verdâtre et savonneuse, un ocre d'un beau jaune, un brun rouge qu'il pensa être produit par l'ocre jaune calciné, et une pierre ponce légère et blanche ; les trois autres offraient des couleurs composées, entre autres, l'un de ces échantillons était un brun vif, sur lequel le *nitre* et *l'acide muriatique* produisaient une légère effervescence. Il jugea que c'était un composé *d'oxide* de cuivre, de chaux et d'alun ; le second était un gravier d'un bleu pâle, qu'il trouva composé des mêmes principes ; dans le troisième on remarquait une teinte rosée qu'il considéra comme un vrai *lac*, dont le principe colorant dérivait de *l'alumine*. Toutes ces couleurs étaient destinées à la peinture et spécialement à vernir des vases, après avoir subi un alliage avec des corps gomeux. Car les anciens ne connaissaient pas la fusion des métaux dont on use aujourd'hui pour vernir et vitrifier la superficie des vases. M. Chaptal en excepte la seule couleur noire qui dans les vases anciens, présente des caractères de vitrification.

Réflexions sur les maisons de Pompéi, et sur les objets qui y ont été trouvés.

Etant revenus à la maison de Fortunata, dans l'embranchement de la rue, vis-à-vis la fontaine, la dame voulut s'asseoir sur un pan de mur et prendre un peu de repos. Quel jugement, lui dit le chevalier, portez-vous, madame, sur les maisons de Pompéi, après en avoir fait un si minutieux examen ? Elles sont belles, répondit-elle, et par ce qu'il en reste, elles paraissent avoir été plus ornées que les nôtres, mais elles ne sont pas aussi magnifiques et leur structure n'a pas le même grandiose.

Les anciens aimaient la grandeur et la magnificence dans leurs édifices publics, principalement dans ceux qui étaient destinés au culte de la divinité, ou à l'usage du public ; mais ils voulaient, dans leurs habitations particulières, qu'on rencontrât seulement ce qui est nécessaire et décent. Qui ne sait quelle était la magnificence du portique et du théâtre de Pompée à

Rome; tandis que la maison de ce guerrier n'avait rien de remarquable, rien qui la distinguât de celles des autres habitans? bien plus, un Romain dont je ne me rappelle plus le nom, ayant voulu faire construire sa maison avec plus d'élévation que celles de ses voisins, fut accusé de vouloir affecter un air de domination et condamné comme un rebelle.

Ce qui m'a le plus surpris, dit l'étranger, c'est de voir à chacune des maisons un vestibule ou cour découverte, entourée d'un péristyle, ce qui forme une espèce de cloître, au moyen duquel vous vous introduisez à l'abri de la pluie dans les appartements; et cette construction indique qu'en général l'architecture pratiquée ici était étrusque et non pas grecque, car les Grecs n'avaient pas ainsi une galerie couverte au milieu de leurs corps de bâtiments; c'est ce qu'affirme Vitruve, (Liv. VI, chapitre 10); l'ordonnance en était différente. Les uns étaient d'un ordre d'architecture qu'on nommait *tetrastyle*, et présentaient quatre colonnes de face de chaque côté; d'autres de l'ordre toscan, soutenus par de simples solives; d'autres à deux goutières, c'est-à-dire avec un toit incliné et rejettant les eaux de deux côtés seulement; d'autres en forme de *tortue*, parce qu'ils étaient entièrement couverts par le toit sans que la lumière y pénétrât. L'observation que fait naître à Pompéi la vue de ces cours ouvertes, entourées de portiques, nous fait parfaitement comprendre ce que dit Vitruve dans son VIe Livre, et que les commentateurs n'avaient pas pu éclaircir jusqu'à ce jour. La vue des puits situés dans ces *cavædea*, où l'on rencontre de l'eau sous la main, n'est pas moins intéressante à mes yeux. La salle de bain se trouve presque toujours placée près de là, ainsi que le parterre ; je remarque aussi l'uniformité générale dans la distribution des chambres et dans leurs décorations et le goût général pour les peintures. Certes, nous sommes loin d'avoir un goût semblable, et s'il se rencontre chez quelques-uns des modernes, les peintures et les attiques qu'ils possèdent, sont inférieures à ce qu'on voit dans ce genre à Pompéi : par exemple on ignore encore parmi nous l'art de composer des couleurs aussi admirables que celles dont les anciens ont fait usage pour transmettre leurs chef-d'œuvres jusqu'à nos jours. Ces couleurs ont encore la transparence du cristal. Quelle régularité dans les dessins.... quelle grâce dans les mouvements.... quelle variété dans l'expression !

Et cependant je vous affirme, lui dis-je, que

vous n'avez pas vu ce qu'il y a de plus remarquable dans les peintures découvertes à Pompéi. C'est dans le Musée-Royal de Portici qu'il faut aller voir ce trésor ; c'est là qu'on l'a transporté : si vous les voyiez, vous seriez forcé de convenir que les anciens avaient aussi leur *Raphaël* pour les portraits, leur *Salvator-Rosa* pour les paysages, et leur *Viviani* pour les dessins d'architecture; et il est douteux que ces célèbres peintres aient jamais égalé le mérite des anciens. Il n'y a pas d'expression pour représenter la surprise des amateurs de peinture et surtout de notre *Solimena* qui était présent aux fouilles, lorsqu'on détacha d'une chambre de Pompéi douze peintures et treize autres fragments, c'est-à-dire six bandes d'arabesque, avec un *Cupidon* au milieu et sept voltigeurs qui dansaient sur la corde ; le tout d'un dessin et d'une exécution admirables : les douze figures représentaient douze jeunes nymphes dans les attitudes les plus immodestes; ce qui porta à croire que la maison, d'où on les avait tirées, était un lieu de débauche (*triclinium venereum*). On en voyait dansant, couvertes d'un vêtement léger; d'autres avec un disque à la main ; d'autres en bacchantes, agitant des cymbales retentissantes; d'autres avec des corbeilles de fleurs. On y voyait un *Centaure* qui portait sur sa croupe une *Bacchante* demi-nue; une *Centauresse* qui, d'une main, touchait les cordes d'une lyre, et de l'autre, tenait embrassé un jeune homme; enfin, il y avait des joueuses de cymbales et de tympanons dont les formes étaient enchanteresses.

A quel tableau de nos artistes, depuis la renaissance de la peinture à dater de *Cimabue*, comparerez-vous ou l'*Ariane* abandonnée dans l'isle de *Naxos*, un petit Amour désolé, et une suivante montrant avec la main le vaisseau du perfide *Thésée* ? ou l'*Appollon* avec les neuf Muses dans différents tableaux ? tous ces personnages avec leurs attributs caractéristiques et avec des inscriptions grecques; ou le célèbre tableau qui représentait les symboles et les mystères de *Bacchus*, qui fut trouvé suspendu à un mur par un crochet en fer, ayant été, à cause de sa rareté, enlevé précédemment, par les ancïens, de dessus la muraille où il avait été peint? ou la *Minerve* qui tue *Pallante*, et une *Victoire* ailée qui verse de la liqueur sur un autel, où brûle un feu sacré? ou enfin *Hellé*, vêtue d'une robe couleur de vert-marin, déjà tombée dans la mer *Egée*, élevant une main pour demander du secours au jeune *Phryxus*, qu'un mouton à la nage transporte à l'autre bord ? Dans quelle école de peinture moderne trouverez-vous quelque chose de comparable à ces groupes d'isles délicieuses, de paysages et de campagnes charmantes qui font partie des peintures de Pompéi ? à ces vaisseaux de différents rangs de rameurs qui se présentent au combat ? à ces fragments si étonnants d'architecture dont on ne rencontre aucun exemple dans les cinq ordres qui nous sont connus ?

Les plaisirs naïfs des pasteurs sont représentés dans quelques tableaux ; d'autres nous offrent des génies, des chasseurs ; quelques-uns retracent les divertissements de la pêche à l'hameçon ; d'autres des jeux d'enfants les plus gracieux et les plus naturels qu'on puisse voir. Je ne vous nomme, pour ne pas fatiguer votre attention, qu'une partie des sujets traités par les peintres anciens. Vous serez ravie, madame, en voyant leurs tableaux, et un jour ne vous suffirait pas pour en bien examiner quelques-uns... Je vous promets, répondit-elle, que je me dispose à les bien voir en détail.

Ce sont là des monuments sans doute intéressants, dit l'étranger ; la collection en surpasse le nombre de 1580, provenant tant de Pompéi que d'Herculanum et de Stabie, exposés dans seize salles au Musée de Portici. Ce Musée est unique sur la terre ; la valeur en est incalculable... Mais indépendamment des peintures, on dit qu'on a trouvé à Pompéi bien des objets curieux et intéressants.... Cela est vrai répliquai-je ; on y a trouvé des bronzes, de l'argent, de l'or, des verres qui, par leur emploi, présentent le plus grand intérêt... Des bas-reliefs en argent massif ou en feuilles d'argent du travail le plus exquis. Ceux d'argent massif représentent *Cléopâtre* mourante ; elle est placée sur un siège avec un amour qui pleure auprès d'elle ; et deux de ses suivantes, tristes et affligées, lui portent les secours que réclame son état ; on trouva ces bas-reliefs suspendus au mur par un crochet d'argent. J'ai vu dans le Musée-Royal, provenant des mêmes fouilles, les bas-reliefs en laminettes d'argent : ce sont trois portraits de la Fortune, chacune ayant sur la tête un *modium*, ou boisseau à mesurer du grain, à la main droite un gouvernail, et dans la gauche une corne d'abondance ; au-dessus est la lune qui se lève. Les académiciens d'Herculanum ont retracé ces figures dans le premier volume des bronzes.

On trouva encore dans une chambre un reste d'armoire en bois, dans laquelle on découvrit quantité de pièces d'or, et parmi elles un médaillon d'Auguste, très remarquable et peut-être unique, de quatorze lignes de diamètre, avec la légende CAES. AVG. DIVI F. PP. IMP. XV. avec l'exergue SICIL. On y trouva aussi plusieurs tablettes pour écrire, avec les écritoires en terre cuite qui avaient encore conservé l'encre qui s'y était calcinée : ces objets curieux sont aujourd'hui placés dans le Musée-Royal dans la salle des *Papyrus;* et enfin cette armoire contenait aussi différents bronzes, des *Sphinx*, et un *Osiris* qui servaient de poignées à des clefs.

Combien de figures en bronze qui s'adaptaient aux canelles d'où découlaient les eaux des fontaines! Combien de petites statues d'*Hercule*, de *Pallas*, de *Jupiter!* combien de *Sérapis* ou *Mercures* ou *Priapes* en forme d'*Hermès* que les Anciens plaçaient au-devant des portes de leurs maisons ou dans les gymnases, ou comme limites de leurs héritages! combien d'autres statues enfin de terre cuite, des *Isis*, des *Priapes*, des *Esculapes* et un *Jupiter* et une *Junon* qu'on peut voir à présent dans le Musée-Royal? On ne finirait pas si l'on entreprenait de nommer toutes ces statues; vous pouvez juger, par ce que j'en cite, à quel point les

Anciens cultivaient les beaux arts, et combien ils les avaient perfectionnés.... Je n'en doutais pas, reprit l'étranger, mais je suis satisfait de voir sur ce point mon idée confirmée....

Il est bien vrai, reprit le chevalier, que beaucoup de choses curieuses, dont vous ne parlez pas, ont été encore trouvées dans les maisons de Pompéi; telles que des candelabres et des lampes de diverses formes; une multitude de vases ou d'argent ou dorés, soit en bronze, soit en terre cuite, soit en verre, à l'usage des temples ou des particuliers, que les Anciens nommaient *hydriæ, syphones, cyathi, trullæ, ollæ, congii, amphoræ, diotæ, copides* : Hydries, syphons, coupes, vases à deux anses à large ouverture, conges, amphores, lacrymatoires, etc. Plusieurs de ces derniers vases en sardoine, et parmi tous un superbe vase en marbre de *Paros*, sur lequel étaient sculptées des fêtes en l'honneur de Bacchus. De plus, tout ce qui était consacré à l'usage des temples et principalement des sacrifices : *accerœ, præfericula, ligulæ, pateræ, capulæ, litui; bipennes.* Des cassolettes, des bassins, des spatules, des coupes, des gobelets à une anse, des crosses, des lames à deux tranchans, et autres ustensiles semblables. Tous les instrumens que les arts faisaient naître : des tablettes enduites de cire, des écritoires à cylindre, des stylets, des plumes en bois de cèdre, des instruments à deux lames en cuivre, des sistres, des flûtes, des cymbales, des luths en fer avec un manche, des compas, des houes, des acettes, des pics avec deux pointes en fer, des coutres en bois, des marteaux ; enfin on a trouvé tout ce qui compose la batterie de cuisine : des écuelles, des pots-au-feu, des moules à patisserie, des lèchefrites, des broches, des cuillers d'argent, (mais point de fourchettes), des fourneaux portatifs en bronze assez ingénieux, des marmites incrustées en argent, des poëles, des pelles, des trépieds ; et à Herculanum, des pâtés, des noix, des amandes, des œufs, du pain avec des inscriptions dessus (1), des figues, de l'huile desséchée et autres comestibles.

---

(1) Sur quelques pains on lisait *siligo C glanii*, et sur d'autres E *cicera*, les premiers étaient de *seigle*, les seconds de *pois-chiches*. L'abbé *Barthélemi* prouve que ces marques étaient ordonnées par la police, pour désigner l'espèce de farine dont on se servait. Ces mots étaient formés avec des lettres séparées, et non pas avec un moule unique ; elles devaient être gravées sur l'extrémité d'un morceau de métal comme les caractères de nos imprimeries. N'est-il pas visible qu'il ne restait qu'un pas à faire aux anciens pour trouver l'art de la *Typographie ?* si ces lettres ou caractères avaient été unis ensemble, et qu'on les eût enduits d'encre, n'auraient ils pas pu servir à faire une

Vous trouverez dans le Musée de Portici quantité de ces fragments avec des comestibles calcinés ; vous en trouverez aussi dans nombre d'armoires placées dans la galerie des bronzes du Musée-Royal de Naples. Vous verrez là beaucoup de balances à deux bassins, dont la flèche est suspendue à un anneau au lieu d'une languette qui, chez nous, sert à en marquer l'équilibre ; une collection de poids de petite dimension en bronze et en plomb ; la livre correspondant exactement à la nôtre ; un bon nombre de serrures avec leurs clefs, beaucoup de candelabres; l'un d'eux s'abaisse et s'élève à volonté ; un autre est fait en cylindre de la hauteur d'un palme et demi, reposant sur une base élégamment travaillée ; à son sommet sont trois branches qui soutiennent trois lampes; enfin on voit dans ce Musée un *lectisternium* (espèce de lit où on plaçait les statues des dieux pendant les festins) en bronze avec des franges d'argent.

Vous me faites tressaillir, dit la dame ; tout ce que l'antiquité possédait est donc sorti de

---

véritable impression sur des écorces d'arbre, du parchemin, ou sur de la toile, et avec autant de facilité qu'ils en faisaient ur la pâte.

ces fouilles?... il n'y a que ce qui faisait l'attribution de notre sexe qui ne se rencontrait pas dans Pompéi?... Détrompez-vous, répliqua le chevalier; l'attirail du beau sexe y a été aussi découvert; les dames de cette ville pratiquaient la coquetterie peut-être plus qu'on ne la pratique aujourd'hui... N'avez-vous pas vu les cabinets de toilette de ces dames? hé bien, quand on les a découverts ils étaient chargés de *bracelets d'or*, *de pendans d'oreilles*, *de joyaux qui s'attachaient au col*, *de chaînes*, *de cordons*, *d'anneaux avec des perles*, *de miroirs de métal*, *de grandes épingles d'or et d'argent*, *de petites cassolettes*, *de cure-dent*, *de cure-oreille*, *de gallons d'or pur*, *de ciseaux*, *d'aiguilles*, de *fuseaux d'ivoire avec de petites roues*; et ce qui vous surprendra davantage, des petits *vases* de cristal de roche, remplis de *rouge* assez bien conservé.... C'était probablement pour rajeunir le visage?... Précisément... Oh! c'en est trop! je ne croyais pas les dames de Pompéi si recherchées, quoique je susse bien qu'elles se costumaient à la manière des Romaines.... soit que celles-ci leur aient infligé leurs modes, soit qu'au contraire celles de Pompéi leur aient servi de modèles (1).

―――――

(1) La toilette (*mundus muliebris*), fournissait aux dames

Je suis vraiment ravie, dit la dame; j'ai appris mille choses intéressantes dans l'entretien que nous venons d'avoir sur la vie privée et publique des anciens... Avant de continuer nos promenades dans Pompéi, je vous témoignerai le désir que j'aurais de posséder le plan d'une de ces maisons que nous avons visitées, soit celle de Diomèdes, ou de Claudius, ou d'Isis, ou d'Apollon, ou de Puppius, ou de Salluste, ou de Modestus, ou de Pensa. Vous savez que non seulement les artistes d'au-delà des Alpes, mais encore les antiquaires, ont le même désir que moi, et s'étonnent de ce que jusqu'à cette heure on n'ait dessiné ou sculpté aucun plan de maison de Pompéi pour qu'on puisse, d'un coup-d'œil, en voir toute la disposition et l'architecture, le

---

tout ce qui pouvait réparer les défauts de la nature; on connaissait dès lors les faux cheveux, les faux sourcils, les fausses dents, les eaux odorantes, les pommades, les parfums et les fards que les anciens appellaient *Purpurissimum*, ou *Fucus*. Martial a décrit avec l'originalité piquante qui le caractérise, la toilette de *Galla*, dans son livre IX, épigramme 37. « Les dames pas-
« saient du lit au bain, et du bain à la toilette, vêtues d'une robe
« dont le luxe et la galanterie déterminaient les ornements.
« Avec cette robe elles se laissaient voir à leurs amis particu-
« liers, et aux personnes qui leur étaient chères, entourées
« de suivantes qui sous les noms *d'ornatrices*, *cosmetœ et*
« *psecades*, n'étaient occupées qu'à les parer de la manière la
« plus aimable et la plus piquante, ayant toujours entre les
« mains un miroir, afin de déterminer le mode de leur coiffure,

vestibule, l'*impluvium*, le *péristyle*, le *jardin*, la *salle à manger*, la *chambre à coucher*, la *cuisine*, le *puits*, et enfin tout ce qui constitue l'intérieur d'une habitation antique; celle de Salluste, par exemple, que vous nous avez décrite avec tant de détail, réunissant tous les genres d'appartement, son plan serait un objet intéressant de curiosité... Le chevalier qui avait pour son usage particulier fait dessiner quelques-unes de ces maisons avec une minutieuse exactitude, se fit alors un plaisir d'offrir à la dame le plan qu'elle désirait de la maison de Salluste, appelée vulgairement d'*Actéon*; c'est celui qui est joint à cet ouvrage. La dame le reçut en faisant mille remerciements obligeants pour le chevalier dont, elle loua le goût éclairé pour les antiquités.

Après cette conversation, nous nous levâmes et franchîmes un espace de soixante pas qui n'est pas encore fouillé et qui sépare les maisons que nous venions de visiter de la partie de la

---

« le mouvement de leurs yeux, le sourire de leur bouche, la
« grâce de leurs attitudes. » C'était enfin quelque chose de si
considérable et de si important que la toilette d'une femme,
que *Juvenal* la compare au tribunal rigoureux de *Denis* le tyran,
où il s'agissait de la réputation ou de la vie.

. . . Tanquam famæ discrimen agatur,
Aut animæ.

ville qui est au midi ; l'antique chemin étant perdu sous les décombres qui ne sont pas enlevés, on a frayé un passage à travers une maison ruinée qui, dès qu'on l'a dépassée, vous laisse apercevoir une rue qui va de l'est à l'ouest de la cité. Deux rangées de maisons renversées, à l'exception des frontispices, bordent ce chemin. On y fouillait, lorsque sa Majesté notre Roi Ferdinand Ier voulut visiter les ruines de Pompéi, en y apportant ce goût exquis et cette intelligence supérieure avec lesquels il connaît, aime et encourage les beaux arts et les découvertes utiles ; le prince et la princesse de Salerne accompagnaient sa Majesté ; l'ambassadeur d'Espagne, Don Pedro Cevallos, si connu par ses mœurs austères et sa grande instruction, ainsi que d'autres gentilshommes et seigneurs de la cour, étaient à la suite du Roi. Alors pour récréer et satisfaire la curiosité de l'auguste compagnie, on vida une maisonnette de la petite rue qui est derrière l'habitation de Salluste dont nous avons parlé. Dans cette maison, outre les effets précieux d'or et d'argent que l'on rencontre ordinairement et que nous avons énumérés, on trouva deux beaux *vases*, une *coupe*, une *forme* pour faire de la patisserie qui représentait une conque et était très-bien travaillée, quatorze pièces de *monnaie*, et trois espèces de *râpes* de celles dont on faisait usage dans les bains, le tout en bronze ; on découvrit encore du même métal deux autres *vases*, hauts d'un palme, une *mesure*, avec des manches délicatement faits, une *lanterne*, une *écritoire cylindrique*, une grande *chaudière*, une clef de fontaine, ou *robinet*, et une *petite tête de porc*. On y découvrit aussi une *belle tête* de marbre jaune antique, une grande quantité de belles *carafes* de différentes formes auxquelles l'action de la chaleur avait fait subir des impressions remarquables, faussant les unes, reployant les autres ; ce fut un grand objet de curiosité que trois *fuseaux* en os de la même forme que ceux dont on se sert à présent ; il y avait aussi parmi ces raretés un *peigne*, mais très-endommagé par suite des ravages du temps qui ne l'avait pas épargné sous la terre ; et encore des *lampes* en terre cuite, quelques *poids* en plomb et une *bêche* en fer en partie oxidée, qui fut la dernière pièce de cette heureuse découverte. Cette fouille avait été indiquée au hasard et dans le moment même par le chevalier *Arditi*, directeur de ces travaux, et l'on n'avait pas d'espoir fondé d'en attendre tant de réussite ; néanmoins comme si le terrain de cette ville antique eût voulu rendre hommage au monarque protecteur des beaux arts qui n'épargne point les soins et les dépenses pour son illustration, et lui en témoigner sa reconnaissance, il offrit à ses yeux ce nombre de merveilles que nous venons de détailler.

Arrivés à la rue, ce fut pour nous un spectacle curieux de voir que les murs intérieurs des maisons avaient été forcés par des instruments en fer, au moyen desquels on s'y était introduit. Cette investigation intérieure fut sans doute l'ouvrage des Pompéiens qui, lorsque l'éruption volcanique eut cessé, visitèrent et saccagèrent les habitations de leur ville, passant d'une maison dans une autre en fesant brèche aux murs de communication pour s'éparguer la peine de pénétrer par les toits en les découvrant.

Nous commençâmes ensuite à observer toutes les maisons de cette rue qui ont été découvertes, depuis la première à peine décombrée à main droite en entrant. Nous lûmes sur cette maison, écrit en grand caractère rouge, CVSPIVM PANSAM ; en face est celle de *Marcellus*, suivant son inscription : C. MARCELLVM AED. V. B. D. R. O., c'est-à-dire *Virum bonum dignum reipublicæ orat*, (supplique adressée à Marcellus, homme bon, digne républicain), un autel en pierres couvertes de stuc s'est ensuite offert à la vue. Sur cet autel a été représenté un sacrifice avec différents personnages; d'un et d'autre côté de l'autel est une élévation ou un gradin propre à s'asseoir. Nous y prîmes un moment de repos. Vis-à-vis de nous, à main gauche, a été découverte une boutique de marchand d'huile ou de vin, reconnaissable par ses grandes bouteilles de grè, placées sur des rayons. Du côté droit nous observâmes une maison qui était en réparation, et qu'on embellissait lorsque le dernier désastre est arrivé à Pompéi; à gauche, à la suite de celle-ci, est la maison d'un cafetier : on y voit le fourneau et le comptoir sur lequel on plaçait les tasses, La rue où nous étions fait ici embranchement avec la grande rue qui conduit directement à l'autre partie de la cité déjà découverte, où se trouve la maison de *Fortunata*; il y a deux pierres pour faciliter le passage d'une rue à l'autre; mais cette partie de la rue n'est pas décombrée; il paraîtrait bien avantageux qu'elle le fût; car alors la communication serait établie entre les deux parties de la ville mises à découvert, et l'on n'aurait pas besoin, pour aller de l'une à l'autre, de franchir la campagne. Mais des raisons, des motifs qui ne sont connus que du directeur des travaux, ont retardé cette opération, qui se fera sans doute plus tard. L'étranger, en suivant l'ordre des maisons de cette rue transversale, fut fort étonné d'y voir encore la maison d'un marchand d'huile ou de vin avec les grandes bouteilles sur les rayons, et le four dont nous n'avons pu définir l'usage; sur les deux pilastres du frontispice nous trouvâmes de curieuses inscriptions : à main droite MARCELLVM ET CELSVM AED. NOVICI FAC.; et de l'autre côté M. CASELLVM AED. D. R. P. FIDELIS F.; un bas relief, représentant un âne, est vis-à-vis ce pilastre. C'est à notre avis une chose fort curieuse. Sur l'autre pilastre on lit également M. MARCELLVM AED.; et un peu au-dessus est peint un gladiateur qui combat, avec une inscription au-dessous et au-dessus du tableau. Nous ne pûmes y lire d'autres mots que ceux-ci : VENERE POMPEIANA.

En vidant cette boutique, on y a trouvé des objets très-curieux ; tels que des pièces de monnaie en argent au nombre de 13, 188 en bronze, une lampe, une casserole, deux moules à faire la patisserie, une petite cruche, une pince et cinq instruments de chirurgie; en outre on y a trouvé deux conques et un vase avec une anse, tout de bronze. Cette découverte a été complétée par la rencontre d'un vase de plomb, haut de deux palmes, de beaucoup de lampes en terre cuite, de petits vases et cinq lacrimatoires en verre.

En face de cette boutique était le pilastre ordinaire indiquant la présence d'une fontaine; l'eau passait par une pierre où était sculptée une tête de mouton; les fers qui réunissent les pierres sont bien conservés.

Arrivés là, nous fûmes arrêtés par la terminaison des fouilles dans cette partie orientale de la ville, le passage n'étant pas découvert au-delà de cette maison. Alors descendant à main droite, c'est-à-dire côté du midi, nous dirigeant sous une arcade, puis passant encore sous une autre, nous nous trouvâmes sur la grande place des audiences publiques (*forum civile*) de Pompéi. Nous ne pûmes concevoir quel avait été l'usage de ces arcades et spécialement de la seconde qui doit avoir été revêtue de fort beaux marbres blancs dont il reste encore des vestiges dans les bases. Peut-être celle-ci servait-elle à décorer le lieu le plus respectable de Pompéi et à fournir un passage réservé aux citoyens les plus distingués? je soupçonnai que la première arcade devait avoir une porte pour fermer de ce côté le forum; comme il fermait du côté méridional, ainsi que nous l'observâmes ensuite. Je fus confirmé dans mon opinion par une ouverture carrée que j'y aperçus, ouverture établie sur deux marches d'escalier qui devai aussi avoir sa fermeture.

Temples, forum civil, et basilique de Pompéi.

A peine étions-nous arrivés sous la seconde arcade, qu'un beau temple, fait pour fixer toute notre attention, se présenta à nous à main gauche. Nous nous arrêtâmes aussitôt pour l'observer : le vestibule de ce temple est bien conservé ; c'est un *hexastylon*, architecture à six colonnes de front et quatre latérales. Les escaliers pour monter à ce temple, sont tous en ruine ; à ses deux côtés s'élèvent deux grands piédestaux, qui certainement étaient les supports de deux statues des citoyens les plus méritans ; peut-être de deux empereurs romains, si l'on en juge par deux pieds chaussés avec le *cothurne* impérial que l'on a découvert dans les décombres du vestibule. Pénétrant à l'intérieur par un beau pavé de marbre et de mosaïques, on remarque que le dessin d'architecture est un carré long, ayant cinquante-neuf palmes de longueur et quarante-cinq de largeur, à huit colonnes de chaque côté. Cet ordre de colonne sur les deux ailes, faisait donner à cette sorte de temple le nom de peripteron (*périptère*); il est fermé sur les côtés par des murailles peintes à fresque d'une couleur rouge brillante; on entre par trois petites portes qui sont au fond dans la partie reculée du bâtiment, dans trois chambres interdites au vulgaire : c'était là que devait être le sanctuaire ou le lieu de résidence des oracles derrière le temple. Un petit escalier encore apparent qui, de l'extérieur, passe dans ce tabernacle, porterait à croire qu'il y a existé un étage supérieur, ou au moins des terrasses d'un agréable coup-d'œil au-dessus du vestibule. Le plaisir que nous eûmes de considérer les belles formes de ce monument, fut bien altéré par le regret de le voir dans une grande ruine : les colonnes en tuf et recouvertes en stuc, sont en pièces, à la réserve de quelques attiques inférieurs et de quelques chapitaux aussi en stuc. Nous rencontrâmes dans ce temple M. Antonio Bonuci, architecte intelligent, chargé des fouilles et de la conservation de Pompéi, qui fesait tous ses efforts pour réparer des ruines, rejoindre et mettre en place les fragments des colonnes. Il nous apprit que l'on n'avait trouvé dans ce temple que des restes de statues antiques ; tels qu'une superbe tête de *Jupiter*, une autre tête qui pouvait bien être celle d'*Esculape* son fils ; une belle tête de jeune fille, et deux doigts en bronze d'un travail grec. Toutes ces curiosités sont à présent au Musée-Royal. Il nous a semblé, d'après ces indices, que ce temple avait été consacré à *Jupiter*. Cet architecte nous fit voir les restes d'une statue, dont les deux pieds en marbre entourés du cothurne impérial, étaient longs de trois palmes ; un bras droit de la même proportion, et un torse également d'une statue colossale, le tout du plus beau fini. Ces débris furent trouvés dans ce même temple. Enfin c'est dans son sein qu'on trouva aussi la belle inscription qu'on lit au Musée-Royal, et qui « concerne *Spurius Turranius Proculus* » *Gellianus*, fils de *Lucius*, neveu de Spurius, » arrière neveu de Lucius, de la tribu de » Fabia, préfet des forgerons pour la seconde » fois, préfet des préposés à la navigation du » Tibre, préfet et propréteur de la justice dans » la cité de *Lavinium* ; pater patratus des *Lau-* » *rentins* pour signer l'alliance en vertu des » livres sibyllins, avec les préteurs des sacrés » principes du peuple romain, des quirites et » du nom latin, qui s'observent chez les *Lau-*

» *rentin*s; flamine de Jupiter, de Mars (Salius),
» premier prêtre de Mars; augure, pontife,
» préfet de la cohorte gétulienne, et tribun
» militaire de la 10e légion, auquel cet empla-
» cement fut donné par décret des Décurions.

Après cette traduction, je livre au public l'inscription telle que je l'ai transcrite avec beaucoup d'exactitude de dessus le marbre.

SP. TVRRANIVS L. F. SP. N. L. PRON
FAB. PROCVLVS GELLIANVS PRAIF
FABR. II PRAIF, CVRATORVM ALFEI
TIBERIS PRAIF. PRO. PR. I. D. IN (1)
VRBE LAFINIO PATER PATRATVS
POPVLI LAVRENTIS FOEDERIS EX
LIBRIS SIBVLLINIS PERCVTIENDI
CVM. P. R. SACRORVM PRINCIPIORVM
P. R. QVIRIT. NOMINISQVE LASTINI (sic)
QVAI APVD LAVRENTIS COLVNTVR
FLAM. DIALIS FLAM MART SALIVS
PRAISVL AVGVR PONT. PRAIF. COHORT.
GAITVL. TRIB. MIL. LEG. X.
    LOC. D. D. D.

---

(1) Remarquons premièrement dans cette inscription qu'on y répète plusieurs fois la diphtongue AI pour AE, et l'F dont le double emploi fût introduit sous l'empereur Claude, pour remplacer le V consonne, comme le dit *Suetone, in Claud.* cap. 41, et *Quintilien*. Le titre de *pater patratus* dont jouissait *Spurius Turranius*, nous fait connaître qu'il avait été *fécial* du peuple *laurentin* : Ce nom venait de ce que *jusjurandum pro toto populo patrabat*, il

Descendant de ce temple par le même dégré qui nous avait servi à y arriver, nous mîmes le pied dans une place publique majestueuse : c'était

---

était commis pour prêter serment au nom de tout le peuple. (*Voy.* Tite-Liv., l. I, chap. 24, où il parle de l'alliance des Romains et des Albains, et des formules du *pater patratus*, pour dénoncer la guerre, ou pour conclure la paix.) Le passage suivant est plein de difficulté : *Turranius* étant fécial du peuple laurentin, devait selon les livres *sibyllins*, *cum P. R. sacrorum principium P. R. Quiritium nominisque latini quæ apud urbem Laurentis coluntur*. Il n'est pas possible de pouvoir lire avec quelques uns, *cum populo romano sacer principiorum populi romani Quiritium*, etc., parce que ni la syntaxe ni le sens commun ne le comportent ainsi. En effet, que signifierait cum populo romani sacri principii populi romani ? nous lisons *pater patratus fœderis percutiendi cum publicis rationalibus sacrorum principiorum populi romani* ; c'est ainsi que Scaliger a interprété les lettres R. A. O. S. *rationales operum sacrorum* (V. *Ursati* de not. Roman. lit R), ou plutôt *cum præfectis a prætoribus sacrorum principiorum*. Jusqu'ici notre interprétation est plausible ; mais, qu'est ce que c'était chez les Romains que ces sacrés principes ? j'en trouve l'explication relativement aux campements dans les temps de guerre, lorsqu'on faisait les logements à l'occasion du mouvement des camps romains. Une rue portait le nom de *Principia*, et c'est de cette sorte que l'entend *Juste Lipse de Milit. roman.* liv. V. Cette rue se nommait ainsi parce qu'elle commençait le camp ; d'où Plutarque, dans Galba, l'appelle *Archea sive initia quæ Romani principia appellant* : c'était le lieu le plus sacré et le plus vénérable du camp. C'était là que le tribun rendait la justice, là qu'on conservait les étendards et les aigles ; là, sur les autels du camp on immolait les victimes, et l'on gardait les portraits des dieux et des princes ; là, se prêtait le serment, et dans ce lieu sacré le plus petit délit était un sacrilège. C'est pourquoi *Tacite*, pour faire ressortir l'impudeur d'une dame romaine, dit dans son histoire liv. 1er. cap. 48, *in ipsis principiis stuprum ausa* ; dans ces parvis sacrés elle osa

le *forum civile* de Pompéi(1); il commence à la droite du temple, près la grande arcade en brique dont nous avons parlé ; sa forme est un carré long de trois cents passées, décoré sur ses deux côtés de trois rangs de colonnes, qui devaient former un péristyle couvert, servant d'abri et de passage par les mauvais temps. C'est une chose remarquable qu'une partie de ces colonnes, d'ordre dorique et sans base, était composée de tuf, recouvert de stuc, et une autre partie de très-belles pierres de travertine. Les premières, à ce qu'il paraît, avaient été brisées par le tremblement de terre qui précéda de seize ans l'éruption volcanique ; et quand cette dernière arriva, les Pompéiens

---

commettre un adultère. Voilà donc les sacrés principes de notre inscription. C'est avec leurs préteurs que SP. *Turranius* devait stipuler une alliance. Le reste de l'inscription n'offre plus de difficulté.

(1) Les anciens distinguaient deux sortes de forum : le judiciaire ou civil, le forum marchand ou champ de foire. Festus fait très-bien cette distinction : *Forum primo modo negotiationis locus, ut forum flaminium. Alio in quo judicia fieri, cum populo agi, et Conciones haberi solent.* D'abord le forum où se traitent les affaires de commerce, c'est le forum flaminium. Celui où l'on a coutume de rendre les jugements, et où le peuple s'assemble par décuries. C'est de ce forum dont Virgile voulait parler lib. V. *Indicit que forum et patribus dat Jura vocatis* : il indique le forum et y donne ses ordres aux Patriciens rassemblés. C'est cette espèce de forum que nous trouvâmes près de la Basilique.

étaient occupés à les racommoder avec les colonnes en pierre de travertine; nous nous confirmâmes dans cette idée en voyant les grands débris de corniche et de lambris de ces mêmes pierres amoncelés dans divers endroits de la place, sans être encore tout-à-fait disposés pour être placés sur les colonnes.

Bonuci avait réuni une quantité de ces débris, portant des caractères de la longueur d'une coudée; mais à peine pûmes-nous y lire:

ORDIAE AVGVSTAE DICVM. C. P. VNIA FEC....
CHALCID... ET M. NVMISTR..... FRONT .... L. F.
SACERDOS PVB ....DECR. DECVR DEDICAVIT.....
   IDEMQ. PROBAVIT....

Nous savons de cette inscription tronquée que ce grand portique s'appelait *Calcidicus*.

Dans le lieu le plus apparent du vestibule, nous aperçûmes plusieurs piédestaux, les uns petits les autres plus grands, qui, autrefois, devaient soutenir des statues, ou équestres ou pédestres, des grands hommes de l'état; mais par malheur aucune statue, jusqu'à cette heure, n'a été trouvée que par fragments. Il ne reste que quelques parties d'un pavé, à large dimention, en pierres de travertine; sur un côté on voit encore un petit autel isolé, mais dépouillé des marbres et de la statue qu'il devait avoir. Voilà un signe évident, disait le chevalier, que cet emplacement a été autrefois fouillé, et qu'on en a enlevé les statues et les autres ornements; les piédestaux même des statues sont dépouillés des marbres dont ils étaient revêtus, excepté un seul qui est couvert de marbres mélangés, sur lequel devait avoir été posée la statue de *Q. Sallustius*, suivant l'inscription que nous y lûmes.

Q. SALLVSTIO. P. F.
II VIRO I. D. QVINQ
PATRONO D. D.

Quintus Sallustius, fils de Publius, duumvir pour la justice pour la cinquième fois, et patron. Monument élevé par décret des Décurions.

Sur un autre piédestal on lit :

C. CVSPIO. C. F. PANSAE
PONTIFICI II VIR. I. D.
EX D. D. PEC. PVB.

A Caïus Cuspius Pansa, fils de Caïus, pontife, duumvir pour la justice. Monument élevé des deniers publics par décret des Décurions.

Dans ce lieu devait être aussi la statue de Scaurus, comme son inscription sépulcrale que nous avions lue l'indiquait ; mais nous ne la trouvâmes pas.

Une preuve non équivoque que c'était ici une place publique de Pompéi, c'est que nous y trouvâmes une grande masse de pierre de tuf, qui a la figure d'un parallélogramme, dans laquelle sont incrustées, dans autant de formes creuses et rondes, les mesures publiques des liquides et des solides. On en voit de cinq dimensions différentes, outre quatre qui sont chacune dans les angles sur le bord de la pierre. L'inscription suivante, aujourd'hui placée au Musée-Royal, se lit sur cette pierre :

A. CLODIVS. A. F. FLACCVS NARCAEVS N. F.
ARELLIANVS CALEDVS (1)
D. V. I. D. MENSVRAS EXAEQVANDAS EX DEC. DECR·

C'est-à-dire qu'*Aulus Claudius Flaccus, fils*

---

(1) Voilà un des monuments les plus célèbres de l'antiquité: le quartier de tuf est long de huit palmes et demi, et large de deux et demi; chacune des profondeurs composant les cinq mesures est en ligne droite avec les autres dans le milieu du massif, et a son ouverture par dessous pour pouvoir retirer les graines sèches qui auraient été présentées au mesurage. Ce trou est garni d'une pièce en bronze qui se tire quand on veut l'ouvrir, et qui se pousse quand on veut le fermer. Voilà bien la

d'Aulus, et Narceus Arellianus Caledus, fils de Narceus, duumvirs préposés pour rendre la justice; furent chargés, par décret des Décurions, d'étalonner les mesures publiques.

On sait bien que dans les colonnies comme à Rome les poids et les mesures publiques étaient déposés dans le *forum* sous la surveillance des édiles et des duumvirs.

Aujourd'hui toute l'activité des fouilles s'est portée dans la partie orientale de ce forum. On y découvre des voûtes en demi-cercle qui en bordent les contours; des niches élevées et étroites; des socles indiquant des piédestaux. Il y

---

preuve que les cinq formes concaves servaient pour les graines sèches; les quatre petites profondeurs qui étaient aux quatre angles de la même masse de tuf, ayant leurs ouvertures par le côté, servaient à jauger les liquides. Il faut dire aussi que les cinq profondeurs du milieu avaient chacune leur inscription qui paraissaient avoir été détruites par les Pompéiens même. Peut-être y aurait-on lu le nom de chaque mesure? Quelques fiches en bronze scellées avec du plomb, incrustées près des ouvertures, nous ont fait penser que chacune d'elles avait eu son couvercle. Outre ce module de mesure publique, on avait encore découvert d'autres objets de la même utilité, tels que deux petites tables l'une sur l'autre, qui dans leur surface laissaient voir aussi trois incavations cylindriques de même nature que celles que nous avons décrites. De ces deux petites tables, l'une a été transportée au Musée-Royal, l'autre a été laissée accotée à la muraille à la droite du *forum*; au lieu même où toutes furent trouvées.

avait donc encore là des statues de marbre, outre celles qui ornaient le sol de la place; et ces statues, placées dans l'encadrement des demi-cercles de l'architecture, devaient ajouter à la décoration du *forum*. En fouillant le terrain, on s'aperçoit qu'il a déjà été pratiqué; preuve certaine des visites antérieures, et qui expliquent comment on ne trouve plus que des fragments de statues antiques. Après avoir parcouru cette place publique en différents sens, nous nous sommes réunis dans une rue qui sépare un temple, dont l'aspect est très-noble, de la *basilique pompéienne*. Nous visitâmes d'abord le temple à main droite de la rue, et nous nous arrêtâmes un moment à son aspect pour bien en comprendre l'ensemble. *Bonuci* voulut bien complaisamment nous accompagner; c'était lui qui venait de le faire décombrer. Par la grandeur de son entrée et de ses décorations extérieures, il nous sembla que c'était le plus noble et le plus élégant que l'on puisse voir à Pompéi. Cet architecte nous fit observer sa construction : elle se compose d'abord d'un portique circulaire, appuyé d'un côté aux murs du temple, et de l'autre à dix-sept colonnes latérales, et à neuf sur la façade, en y comprenant celles des angles; le péristyle s'étendait sur les quatre côtés du temple, qui avait deux cent six palmes de long et cent vingt de large; le compartiment du milieu était un *hypœthron*, c'est-à-dire un intérieur découvert, et l'on y voyait encore les conduits dans le sol qui servaient à faire écouler les eaux de pluie qui tombaient de dessus le portique. Le chevalier remarqua dans ce temple le même caractère d'architecture qui règne dans presque tous les édifices publics de Pompéi.

Au-delà de l'*hypœthron* est un sanctuaire isolé, composé d'une chambre carrée, petite et couverte, dont les murs latéraux subsistent encore, et plusieurs conduits pour les eaux en brique, terminés par des figures grotesques. Le pavé de cette chambre présente un beau travail en mosaïque de différentes couleurs, avec des bordures de marqueterie de même nature, mais dont les pièces sont plus petites encore. Au fond on voit le piédestal où était placée la divinité; quinze gradins conduisent à sa base; ils sont en pierre de travertine (1); on en voit encore d'entiers; le tremblement de terre a visiblement ébranlé les murs et dérangé ces gradins. Nous vîmes bien que ce sanctuaire

---

(1) Sorte de pierre blanche spongieuse.

se fermait par des portes, dont les traces sont encore empreintes sur le seuil en marbre, et dont on aperçoit les plombs qui servaient à les maintenir.

Trois autels, un grand de marbre au pied des gradins, et deux autres sur les côtés, sont les témoignages du culte qui se rendait dans ce lieu; sur le plus grand autel nous lûmes sur deux faces :

M. PORCIVS M. F. L. SEXTILIVS L. F.
CN. CORNELIVS CN. F. A. CORNELIVS AF
IIII VIR. D. D. S. F. LOCAR.

Marcus Porcius, fils de Marcus; Lucius Sextilius, fils de Lucius; Cneius Cornelius, fils de Cneius; Aulus Cornelius, fils d'Aulus; élus quartuumvirs, par décret des Décurions, pour les sacrifices, élevèrent ces autels.

De belles et élégantes peintures ont été faites autour des murs de ce sanctuaire : elles sont encore très-visibles, et nombre d'artistes se rendent dans ce lieu pour les copier. L'architecte Bonuci compare avec raison ce temple à celui d'Isis de Pompéi : même péristyle, même Hypèthron, avec un sanctuaire isolé et couvert au milieu; même ornement de belles peintures;

toutefois il est rempli de ruines; murs, colonnes, chapitaux, ornements en sont dispersés ou pillés. Dans cette partie de la ville d'anciennes introductions ont donné lieu à un saccage général. L'architecte expérimenté porte tous ses soins à recueillir les débris, à les replacer où ils devaient être, non seulement pour la restauration du temple, mais pour en mieux indiquer l'ensemble. Les colonnes, comme celles du temple que nous avons précédemment décrit, sont composées de tuf, recouvert d'un stuc très-dur, et l'on peut remarquer qu'auprès de chaque colonne, qui sont au nombre de quarante-huit, était placé un piédestal qui supportait la statue, soit d'un dieu, soit d'un héros; une seule a été retrouvée à son poste : c'est une espèce d'*Hermès*, revêtu du manteau et couvert de la toge. Quelle foule de statues devait avoir décoré ce temple? Parmi les débris trouvés, on y distingue une statue sans tête, dont les draperies de la toge sont bien faites; une *Vénus* nue, mais mise en pièces, qu'on restaure à cette heure au Musée-Royal, et qui est d'un beau travail; un *hermaphodite* d'une sculpture achevée, et qui porte les oreilles d'un faune, qui autrefois avaient été maladroitement restaurées; une autre tête de *Vénus* avec des fragments de sa statue, et un buste très-rare en bronze, dont les yeux sont de verre; nous le prîmes pour celui de *Diane*, parce que ses mains semblent occupées à tendre un arc, et qu'il a sur la tête un diadême en forme de croissant. Toutes ces raretés sont réunies au Musée-Royal de Bourbon. Ce fut aussi une heureuse découverte que celle d'une belle colonne de chipolin, avec un chapiteau d'ordre ionique, qui présente dans un équarrissage au pied du fût, l'inscription suivante :

L. SEPVNIVS L. F.
SANDILIANUS
M. HERENNIVS A. F.
EPIDIANVS
DVO. VIR. I. D.
D. S. P. F. C.

Lucius Sepunius Sandilianus, fils de Lucius; Marcus Herennius Epidianus, fils d'Aulus, duumvirs pour rendre la justice, ont été chargés du soin des sacrifices publics.

Nous la trouvâmes dans un quartier du forum avec la statue vêtue de la toge, et aussi avec un piédestal de marbre. Mais parmi tous ces objets, ce qui a été apprécié davantage, c'est une inscription trouvée au même endroit, et qui se voit maintenant au Musée-Royal. Il est fait mention, dans son contenu, des duumvirs *M. Olconius Rufus*, et *C. Egnatius Postumus qui D. D. redemerunt jus luminum obstruendorum, et faciundum curarunt parietem privatum collegii Veneris usque ad tegulas.*

De cette inscription et des statues, trouvées dans ce lieu, nous tirâmes la conséquence que ce temple avait été dédié à Vénus, avec un collége de Vénéréens, dont parlent plusieurs affiches, sous l'indication de VENEREI ROG. V. F.; l'inscription est ainsi conçue :

M. HOLCONIVS RVFVS D. V. I. D. TER
C. EGNATIVS POSTVMVS. D. V. I. D. TER
EX D. D. IVS LVMINVM
OBSTRVENDORVM HS ∞ ∞ ∞
REDEMERVNT PARIETEM QVE
PRIVATVM COL. VEN. COR.
VSQVE AD TEGVLAS
FACIVND. COERARVNT. (1)

---

(1) Voilà la traduction : *M. Olconius Rufus, duumvir pour la justice, nommé pour la troisième fois, et C. Egnatius Postumus, duumvir, pour la justice, pour la troisième fois*, par décret des décurions, rachetèrent le droit de fermer les fenêtres, et les portes pour 3,000 sesterses (c'étaient les fenêtres et la porte de la Basilique, qui était vis-à-vis le collége de Vénus, qui par des conventions précédentes, se devaient fermer, pour que ce col-

Dans la partie postérieure de ce temple est une petite chambre décorée des plus belles et des plus brillantes peintures, et qui mérite bien l'attention des curieux; à gauche est une représentation de Bacchus; il tient son tirse d'une main et une coupe de l'autre; un vieux Silène est près de lui, qui semble faire résonner une lyre; à droite est fabriquée dans le mur une petite niche, qui pouvait bien être un oratoire. C'était là le sanctuaire impénétrable sans doute.

---

lége n'en reçoive pas d'incommodité ; mais rachetant ce droit, c'est à dire les fenêtres et les portes de la Basilique pouvant être rouvertes). *Ils eurent la charge de faire élever un mur jusqu'au toit, dans l'intérêt particulier du collége de Vénus,* qui était situé dans le voisinage, afin de préserver ce collége de l'incommodité des ouvertures. S'il y a difficulté dans cette inscription, elle est seulement dans l'abréviation COL. VEN. COR. que nous avons traduit par *collegii venerei corporis*, sur la foi des autres inscriptions de Pompéi, qui indiquent l'existence des Vénéréens à Pompéi; et sur la foi d'une autre inscription de L. LICINIVS PRIMITIVVS, déposée sur une grande base dans la galerie découverte du Musée-Royal : on y lit *augustales corpor ob perpetua merita ejus.* Et enfin en parlant des distributions assignées au peuple, on y lit *et veteran corp. HS. VI* : voilà donc la dénomination de la corporation des Augustaux et des Vétérans. Comme à Pompéi, il y avait la corporation des Vénéréens, Simmaque, liv. IX. cap. 103, parle de ces colléges ou corps, ou corporations. *Totis viribus adjuvandi sunt communis patriæ corporati precipuè mancipes salinarum qui exercent lavacra* : On doit aider beaucoup les corporations de notre commune patrie, surtout celle des fermiers des salines, chargés de la préparation des sels. Je pourais encore produire d'autres citations.

Après être sortis du temple de Vénus, nous entrâmes dans la basilique de Pompéi, qui est vis-à-vis : son aspect présente la belle forme d'un carré long de deux cent cinquante palmes et large de cent, avec un grand péristyle ou portique couvert qui règne tout autour. Il était soutenu dans toute sa longueur par douze colonnes en brique de chaque côté et par quatre sur la façade et autant sur sa partie postérieure, en y comprenant les colonnes angulaires. Ce grand portique en inclinant du côté de l'intérieur du temple, s'appuyait sur autant de demi colonnes qui n'en sont pas encore disjointes ; les colonnes ont environ quatre palmes de diamètre, et sont ornées de chapiteaux corinthiens. La base de ces colonnes est de la même composition ; à présent il n'en existe plus qu'une partie brisée ou renversée qu'on a rajustée dans son lieu. Les chapiteaux et une grande partie des corniches sont amoncelés dans les angles du bâtiment. Presque tous les murs étaient écroulés, et l'on peut croire que cette ruine a été l'effet du tremblement de terre qui précéda l'explosion volcanique.

Une tribune est apparente dans la partie supérieure du côté de l'occident, elle est décorée de six petites colonnes en stuc cannelées ;

ce pouvait bien être la place destinée à la magistrature. Nous ne trouvâmes ni la porte de cette tribune, ni les gradins par lesquels on y montait ; seulement deux petits escaliers conduisent de là à une chambre très-basse, et la communication s'y établit par deux ouvertures circulaires dans la voûte. Nous jugeâmes que ce souterrain était une prison, car les murs en sont d'une grande épaisseur ; les soupiraux sont garnis de barreaux de fer, et cette petite chambre est bien de vingt palmes en terre.

Vis-à-vis de cette tribune, au milieu des quatre colonnes du péristyle, est érigé un grand piédestal recouvert de marbre blanc, ce piédestal devait certainement supporter une statue équestre.

Le corps de la basilique était entièrement découvert, c'est pourquoi, sur les côtés au-dessous des gouttières du portique, le pavé est garni de tuyaux de conduite pour les eaux de pluie ; on voit encore dans cet intérieur ouvert quelques puits. Les anciens aimaient beaucoup cette architecture, *hypæthron*, ou découverte que nous avons déjà remarquée dans toutes les maisons et dans tous les temples. C'est dans cette place que devaient se tenir les assemblées et se faire les délibérations des habitants de

Pompéi ; là, ils créaient leurs magistrats, pourvoyaient aux frais de l'*annone* (c'est-à-dire aux subsistances pendant une année), et délibéraient sur la paix ou sur la guerre. Le nom de basilique, que nous donnons à cet édifice, nous a été suggéré par *Vitruve*, qui, en parlant d'une basilique, décrit tout ce que nous voyons ici ; et aussi par deux inscriptions sculptées sur son mur extérieur du côté de la maison dite de *Championet*, assez grossièrement taillées au ciseau, qui portent répété le mot de BASSILICA (ainsi écrit.)

On sort de ce superbe édifice par quatre gradins de pierre du Vésuve placés sous un vestibule soutenu par deux colonnes et par deux pilastres ; cette sortie regarde l'orient. Du côté du midi on voit qu'il y a eu une entrée pratiquée, et on en induit que sur la voûte du vestibule et du péristile il devait y avoir eu un grand espace qui servait de promenoir.

On entre du vestibule au forum civil que nous avons décrit, par cinq ouvertures ; la manière dont ces ouvertures se fermaient est curieuse à remarquer ; entre l'un et l'autre pilastre, au nombre de six (les deux derniers de chaque côté tenant au mur de l'édifice), tombaient cinq portes qui suivaient le trait des rainures qui étaient taillées dans chaque pilastre. Cette fermeture s'appelle présentement parmi nous *sarrazine*, parce que dans le temps du Bas-Empire, toutes les citadelles usaient de ce moyen de clôture ; c'était aussi comme cela que se fermaient les portes publiques et extérieures de Pompéi.

Nous sortîmes de la *basilique* par ces ouvertures pour parcourir de nouveau le forum, et aller visiter du côté droit des édifices fort curieux qui sont presqu'intacts. C'étaient trois autres petits temples, ou plutôt trois chapelles. D'après leurs formes, quelques antiquaires prétendent même que ces chambres étaient dépendantes de la *basilique*. Elles sont construites en briques avec une grande intelligence; la longueur de chacune (car toutes les trois sont de la même étendue) est de soixante et dix palmes, sur environ quarante de largeur; chacune de ces chambres ou chapelles est composée d'une seule nef; dans le fond on voit distinctement la niche ou devait être placée la divinité; on voit aussi plusieurs autres niches sur les côtés. La beauté du pavé répond à celle de l'édifice; il n'y manque que le toit. Nous n'avons pu deviner à quelles divinités ces trois temples étaient consacrés, parce que lors de leurs décombrements on les a trouvés dépouillés de tout ce qui pouvait servir à les caractériser. Entre l'un et l'autre sont pratiqués de petits passages étroits qui conduisaient à quelqúes chambres destinées peut-être à l'usage des prêtres ; de ce côté est un chemin public qui, passant derrière le *forum* et la *basilique* du côté du midi, conduit à une maison distinguée placée sur le haut de la colline.

Maison découverte par Championnet.

Dans le milieu du chemin dont nous venons de parler, à gauche, on passe devant une habitation qui a été très belle, et fût découverte sous la direction de l'abbé *Zarillo*, par ordre du général *Championnet*, dont elle a retenu le nom. On y déterra plusieurs squelettes de femmes ayant des anneaux, des bracelets et des colliers d'or. On y trouva aussi quantité de pièces de monnaie.

Cette belle maison, outre le rez-de-chaussée, avait des caves qui ont été également décombrées et dans lesquelles on peut pénétrer. Nous remarquâmes ces voûtes érigées sous terre comme une chose peu ordinaire à Pompéi; les étages supérieurs au rez-de-chaussée ne sont pas moins rares. Quand nous observâmes la maison de campagne de *Cicéron*, dans le faubourg d'*Augustus Felix*, ce fut pour nous un objet d'étonnement de voir un escalier en tuf que l'habitude du passage avait usé dans le milieu, et qui conduisait à un premier étage ou nous trouvâmes d'agréables logements avec de beaux pavés.

Entrant dans cette maison dite *de Championnet*, qui est derrière la basilique, nous trouvâmes premièrement *l'atrium*, orné d'un beau pavé avec le bassin carré ordinaire, en marbre blanc, placé au milieu pour recevoir l'eau de pluie qui tombait des toits.

Cet *atrium* est décoré de quatre colonnes dans ses angles qui devaient soutenir une espèce de petit toit. Dans les chambres qui sont sur les côtés, les peintures et les pavés en mosaïque imitant différents dessins, sont également admirables : au fond de l'habitation on peut voir encore un second atrium avec des puits.

Cette maison dût beaucoup souffrir de l'ancien tremblement de terre ; nous le remarquâmes facilement à la vue de différentes réparations, et aussi parce que quelques parties de peintures à fresque avaient été détachées de dessus les murs par suite de la commotion.

Continuation de l'exploration de plusieurs maisons ruinées sur les côtés de la grande rue de Pompéi.

Revenus à ce chemin même qui conduit de la *basilique* au *forum,* nous le suivîmes dans sa direction orientale après avoir dépassé les trois petits temples dont j'ai déjà parlé. Ce chemin, ou rue, est tout découvert jusqu'aux bords du *Théâtre.* A son origine est une fontaine; il présente encore dans toute son étendue un beau pavage de laves du Vésuve en bon état. C'est une chose digne de remarque que ce chemin était interrompu par la fermeture des portes du *forum.* A l'entrée de cette place on voit très-bien les traces du passage des portes, et les plombs qui servaient à fixer les gonds dans les travées qui contribuaient à leur clôture. Il paraît que les richesses des ornements renfermés dans les temples qui ouvraient sur cette place, et le grand nombre de statues qu'elle contenait, avaient nécessité cette précaution. D'un côté et de l'autre de ce chemin nous ne vîmes que maisons ruinées avec des restes de quelques pavés en mosaïque, et de quelques peintures. Nous rencontrâmes ensuite une seconde fontaine, et vers le milieu, à droite, un petit temple avec son autel de marbre blanc : vis-à-vis, une maison considérable avec son péristyle et des peintures dans les chambres. Dans une autre maison voisine nous remarquâmes de beaux pavés en marbre grec et en albâtre fleuri. Dans la suite de la rue nous vîmes deux fontaines très-rapprochées l'une de l'autre; leur composition est comme celle des précédentes, d'un grand bassin carré fait avec quatre pierres égales du Vésuve, jointes ensemble par des lames de fer et scellées avec du plomb. Chaque fontaine a sa colonne, ou pilastre, sur un de ses côtés, d'où sortait l'eau qui remplissait le bassin. Toutes ces fontaines de Pompéi recevaient l'eau par un canal tiré de la rivière de *Sarno*. Sur ces maisons en ruine nous pûmes lire les noms suivants écrits sur leurs façades :

L POPIDIVM SECVNDVM—C. HOLCONIVM SER—
C: CVSPIVM PANSAM.

Nous avions atteint la terminaison de cette grande rue, près le portique du théâtre, lorsque le chevalier nous raconta que dans ce lieu même avait été découvert, en 1812, un cadavre qui offrait, sous sa poitrine, un trésor d'antiquité : il était étendu sous dix palmes de pierrailles, dont trois, les plus rapprochés du corps, étaient une espèce de poussière volcanique qui le couvrait. Il avait un amas de monnaie, trois cent soixante pièces d'argent, quarante-deux en bronze, huit d'or; quelques-unes étaient au type des grandes familles romaines; d'autres avaient été frappées dans le temps que l'empereur *Domitien* était encore César. Ces pièces étaient enveloppées dans une toile forte, qu'on trouva encore entière, et qui avait résisté à dix-huit siècles. On déterra aussi, avec ce squelette, beaucoup de vases d'argent, dont quelques-uns étaient particuliers pour les sacrifices : des figures d'*Isis* y étaient sculptées; on en voyait une avec un casque, surmonté d'une *oie*, ayant en main un autel avec un crocodile, dans l'attitude d'une personne qui adore un serpent étendu sur un autre autel. Sur un des vases était sculptée une espèce de tour, surmontée d'un *cénotaphe*; un bouc paraissait placé sur un autre autel. On recueillit encore, en faisant cette découverte, des petites *cuillers* d'argent, des *boucles*, des *coupes* et des *tasses* d'argent et d'or ; un très-rare *camé* de pierre *onix*, qui représentait un *Satyre* soufflant dans une *syringue*, ou flûte de roseau ; des anneaux avec des pierres en *émeraude* ; des *Scarabées* ; quelques bas-reliefs en argent, qui représentaient *Bacchus* et l'*Abondance* ; et enfin des vases en cuivre et en bronze, du travail le plus exquis, ayant de larges ouvertures, et pour la plus grande partie façonnés en grotesques, ou dans leurs anses ou dans leur contour. On ne peut douter que c'était là le squelette d'un prêtre d'*Isis*, dont le temple était dans le voisinage : il s'était enfui pendant l'éruption volcanique, emportant avec lui tous ces bijoux qui, sans contredit, appartenaient au temple de sa déesse ; mais étouffé par la pluie de cendres il avait succombé....

Nous avions atteint la dernière fontaine, lorsque la dame demanda où conduisait ce chemin, et comment s'appelaient ces grands édifices qui apparaissaient dans le voisinage. La rue, lui répondit le chevalier, prend ici la forme d'une croix : elle a quatre directions diverses. Celle que nous venons de parcourir est, comme vous l'avez vu, toute découverte ; l'autre, près de nous, est encore à décombrer : l'une et l'autre viennent du forum qui est à l'occident ;

mais ce ne sont pas des grandes rues ; la troisième, large, spacieuse, et qui va au septentrion, devait se réunir à la voie consulaire qui traverse Pompéi. De celle-là on n'a découvert qu'une partie, n'offrant à droite et à gauche que des maisons en ruine avec de beaux frontispices en stuc, dressés à l'équerre et encore debout. On y lit les noms suivants des habitans : L. POPIDIUM RUFUM AED. T. CINIVM C. LICINIVM, C. IVLIVM AED, et autres aussi peu explicatifs ; il se rencontre dans cette rue une fontaine dont le bassin est en pierre du Vésuve, et que quelques observateurs ont pensé être une dépendance d'une boutique de pharmacie qui était auprès. La quatrième rue au midi, qui est la consulaire, mène à différents temples, aux tribunaux, aux théâtres, à la réunion enfin des principaux édifices publics de Pompéi. Puisque c'est là notre direction, reprit la dame, nous devons redoubler d'attention et ne pas ménager nos recherches ; car il s'agit de visiter des établissements publics de la plus grande utilité et du plus grand intérêt....

Grand portique avec un atrium découvert.

En parlant ainsi, nous tournâmes à droite, sous un petit *atrium* découvert, composé de six colonnes de tuf, avec leurs élégants chapiteaux, et nous entrâmes sous une longue colonnade, d'une architecture très-noble.

Nous étions là sur le plateau d'une colline élevée, d'où on découvre, par un point de vue admirable, la mer et les villes voisines. A droite, en entrant, était une cour en carré long, entourée de colonnes de tuf, qui formaient un péristyle ou portique couvert, convenable pour faire circuler ou promener autour de cette cour. Une conque en marbre blanc, avec une fontaine, en occupaient le centre. L'eau arrivait par une demi-colonne, dans laquelle on aperçoit encore le conduit; vis-à-vis est un piédestal, sur lequel on n'a pas trouvé de statue : elle devait cependant y avoir été placée et représenter *Marcus Claudius Mar-*

cellus, fils de Cajus, patron de la colonie pompéienne, suivant l'inscription qu'on y lit :

M. CLAVDIO C. F. MARCELLO
PATRONO.

Ayant pénétré plus avant, nous pûmes admirer l'ordre symétrique et complet de la colonnade dont nous avons parlé précédemment. Les colonnes étaient au nombre de cinquante-six en tuf, placées en ligne droite, occupant un espace de deux cents pas du septentrion au midi : elles existent toutes, réduites à la moitié ou au tiers. Les chapiteaux et les architraves qui en sont tombés, sont à terre, réunis aux autres débris. c'est là que régnait un long portique, soutenu d'un côté sur ce rang de colonnes, au travers desquelles lui arrivait la lumière, et d'autre part s'appuyant sur le mur latéral du théâtre tragique. Cette construction, d'une utilité si grande pour le public, était particulière à toutes les villes des anciens : il y avait à Rome le portique de *Pompée*, celui de *Livie*, de *Claude*, de *Catule*, de *Corinthe* et d'autres encore. C'était là le lieu de rendez-vous des citoyens; c'était là qu'ils s'entretenaient, qu'ils se promenaient à couvert par un temps de pluie ; c'est pourquoi, suivant Vitruve, le portique était toujours réuni au théâtre. Il pouvait également servir pour les exercices du *gymnase*, de la *palestre* et de *xyste*, comme les Grecs l'appelaient pour désigner un lieu orné de portiques et de jardins, où s'exerçaient les jeunes gens et les athlètes, soit à la course, soit au disque, soit au ceste, soit au saut, soit à la lutte à toute feinte, nommée par les latins *pancratium*.

Là auprès avaient existé sans doute le *frigidarium* et le *caldarium*, bains chauds et froids; l'*eleotesium*, salle où l'on s'enduisait d'huile ; le *conisterium*, lieu où les lutteurs se couvraient de poussière; le *propnigeum*, où on entretenait du feu... Il n'y avait pas une ville, dit l'étranger, de celles qui tiraient leur origine de la Grèce (et Pompéi doit être comptée parmi elles), qui n'eût sa palestre ; les jeux auxquels on s'y exerçait, servaient de décoration et de spectacle à leurs fêtes : on sait de combien de précautions, de quels préparatifs s'entouraient les athlètes pour mériter la victoire ; combien ils étaient avides des applaudissements du peuple, qui s'assemblait pour juger ceux qui remportaient les prix. Quel désir de gloire animait tous ces concurrents.... vos anciennes cités ne manquaient pas de ces lieux d'exercices. Il y en avait à *Tarente*, à *Crotone*, à *Locre*, à *Naples*, et dans d'autres villes encore. *Auguste*, suivant ce que Suétone en a écrit dans sa vie, lorsqu'il visita l'isle de *Caprée*, fut très-satisfait d'y voir établie la *palestre*, et prit la récréation de faire concourir pour des prix qu'il y distribua. Ces prix étaient des *toges*, des *manteaux* qu'il donnait en abondance...

Restes d'un temple grec, cimetière et puits.

Tout en conversant de la sorte, nous arrivâmes à la dernière colonne du portique, et alors nous vîmes à droite les ruines du temple, le plus antique et le plus majestueux qui ait été construit à Pompéi. A peine peut-on discerner entièrement son étendue, qui était un carré long de quatre-vingt-onze pieds, et de cinquante-trois de large ; la façade ou le frontispice de ce temple était décoré de huit colonnes de tuf, d'ordre dorique, avec architrave et corniche : c'était l'introduction au péristyle, pavé en mosaïque et formant le *pronaum*, ou place du temple. Les trois autres côtés de ce temple étaient chacun décorés de onze colonnes, de quatre pieds de diamètre, avec leurs *socles*, leurs *chapiteaux* et *cymèses* ; on y voyait des espèces de masques en terre cuite, faisant saillies, dont la bouche était destinée à l'écoulement des eaux. La grande entrée regardait le midi ; on y montait par neuf larges degrés de tuf, aujourd'hui presque consumés; et ce qui devra paraître plus singulier, les autres côtés du temple étaient environnés de cinq marches également spacieuses, qui toutefois sont mieux conservées, excepté du côté où était la porte, qui ne laisse plus apercevoir que des vestiges. Au milieu du temple était le sanctuaire, fermé et séparé, au-devant duquel était un grand autel carré, destiné aux sacrifices et aux offrandes.

Nous nous accordâmes à reconnaître dans ce temple la plus noble construction du style grec et particulièrement le même ordre de *ptérypthéron*, qui se remarque dans les temples de *Pestum*. Je ne crois pas être loin de la vérité, en signalant ces différents temples comme l'ouvrage solide des Etrusques, ainsi que je l'établirai ailleurs. Ce temple de Pompéi paraît avoir été dédié à *Hercule*. Vitruve dit que sa position était non loin des théâtres. Qu'il est douloureux de le voir dans une telle ruine? Quelques antiquaires ont pensé que c'était le résultat du tremblement de terre qui renversa aussi le temple d'*Isis*; mais d'autres ont remarqué que ce temple, situé dans le lieu le plus élevé de Pompéi, ayant été moins accablé de la poussière volcanique, et conséquemment mis à découvert par le temps, depuis longues années, aura été exposé à la rapacité des hommes qui en ont emporté les colonnes et les marbres, et qui, profitant de cette facilité plus grande pour s'introduire dans cette partie de la ville, y ont pillé davantage, particulièrement les théâtres.

M. Renard, dans son voyage pittoresque, nous a donné le dessin de ce temple, tel qu'il devait avoir été, et tel qu'il est présentement.

A gauche de ce temple, sur le même plan et en regard de la mer qui n'est pas éloignée, nous vîmes une banquette en demi-cercle, avec un gradin terminé de chaque côté par deux pattes de lion en pierre volcanique : cette banquette est semblable aux deux que nous avions observées en dehors de la porte d'Herculanum, par laquelle nous étions entrés dans la cité, et que nous avons désignées comme un lieu d'arrêt et de passe-temps, où se réunissaient les oisifs de la ville. Qui peut douter que celle-ci n'ait été construite pour le même objet? la position, le bon air, la perspective, la liberté de la vue, tout invite en effet à se reposer ici, et à jouir du plus bel aspect. Une inscription, dont la trace est empreinte sur le milieu du banc, mais qui a été enlevée pour être transportée au Musée-Royal, désignait sans doute le nom de cet édifice. Près de là, on avait trouvé un cadran solaire, fixé à rez-de-terre sur une base ; c'était une pierre carrée, un peu concave, qui avait dans la partie supérieure son gnomon en fer ; les lignes solaires étaient marquées pour désigner le passage de l'ombre ; mais nous n'y avons pas vu de chiffres correspondants. On disait que ces cadrans solaires venaient d'Alexandrie, et n'étaient pas tracés convenablement pour le méridien de Pompéi. Ce cadran se voit maintenant au Musée-Royal parmi les raretés du même genre.

Au pied des gradins du temple, on voit un cimetière, contenant un corps de bâtiments, avec deux divisions dans les côtés. Ce champ est semblable au champ mortuaire que nous avions vu avant d'entrer dans la ville : on y avait trouvé beaucoup de restes de cadavres qui y avaient été ensevelis. Dès que l'étranger eut fait cette remarque, il paraît, nous dit-il, qu'on a fait ici la même différence, parmi les dignités du tombeau, qu'en Grèce et à Rome.

Les champs *céramiques*, si fameux en Grèce, étaient destinés aux personnages illustres, et les *hypogées*, ou caveaux souterrains, étaient le lieu de sépulture du vulgaire. Les Romains avaient aussi leur champ de *Mars* pour les plus notables de leur ville et les *puticuli*, ou chriptes, hors la porte esquiline pour les autres; à Pompéi on faisait de même : le terrain situé en avant de la porte d'Herculanum, était le lieu de sépulture publique des premiers de l'état. Vous vous rappelez quelle était la beauté de ces tombeaux? Il fallait pour la grandeur de la cérémonie que les corps fussent brûlés avec pompe, et les os séparés; que les cendres fussent déposées dans des urnes funéraires, dont nous avons trouvé une si grande quantité dans les caveaux. Le vulgaire, au contraire, était rendu à la terre, à cette mère commune, avec une *obole* dans la bouche : on le transportait, d'après ce que prescrivaient les lois, dans un lieu écarté, loin des habitations, dans le plus.... Mais peut-être, dit la dame qui nous accompagnait, la dépense pour brûler les corps et pour les autres cérémonies décrites, était-elle au-dessus des facultés pécuniaires du peuple?..... Oh! lisez-en le rituel funéraire, vous aurez certes de quoi vous divertir. *Virgile*, dans son VI.e Liv. de l'Enéide, en a fait une description complète; il en a fait connaître tout l'apparat; et *Kirchmann* et *Nicolai* (1) nous

---

(1) *Kirchmann*, dans son ouvrage sur les funérailles des

en ont retracé les particularités les plus intéressantes; lisez-les; vous y apprendrez avec combien de formalités on élevait le bûcher, et combien de cérémonies dispendieuses accompagnaient et suivaient l'incendie des corps....

Au-delà du cimetière, nous découvrîmes trois autels, de grandes pierres du Vésuve, et un puits construit de mêmes pierres en forme cylindrique, creusé au-dedans et élégamment travaillé; il a environ quatre palmes de diamètre; il était entouré de huit colonnes d'ordre dorique, formant une décoration agréable, avec une large architrave qui en faisait le tour; ses débris sont présentement couchés sur la terre. La forme de ce puits est la même que celle que nous avait offerte chaque puits servant de déchargeoir aux eaux des citernes que nous avions remarquées à Pompéi; mais il était double en grandeur, et sa destination n'était pas la même. La dame, en admirant son architecture, nous demanda de quel genre d'utilité pouvait être cet édifice... C'était sans contredit, lui répondis-je, un lieu qui avait été frappé de la foudre (fulminatus), que les anciens et spé-

---

Romains. *Nicolai*, dans son Traité sur le deuil et les rites funèbres des Grecs.

cialement les *Etrusques* fermaient religieusement, et tenaient pour un lieu sacré! c'est pour cette raison que sur beaucoup de marbres on rappelle cet événement : FVLGVR CONDITVM. *Lucain* décrit ainsi ce monument : (Pharsale, Liv. Ier, vers 606.)

> . . . Arnus, dispersos fulminis ignes.
> Colligit, et terræ mœsto cum murmure condit.

Arnus rassemble les débris encore fumants qui viennent d'être frappés par la foudre, et les enfouit dans la terre, en prononçant des prières funèbres.

On donnait le nom du *puteal* (puits) à ce lieu, parce qu'il était entouré de murs ou de marbres en forme de puits. A Rome, le puits de *Scribonius Libon*, près la curie, sur lequel juraient les plaideurs, était fameux. *Horace* en parle.

> . . . . Forum, puteal que Libonis.

Le forum et le puits de Libon.

Morelli fait mention d'une médaille qui lui appartient, ayant l'effigie du puits, semblable à celui de Pompéi, avec la légende PUTEAL SCRIB. LIB. Horace appelle aussi ce lieu : *bidental*, parce que les lieux funestes se purifiaient par le sacrifice d'une pièce de bétail de deux ans.

. . . . Aut triste bidental
Moverit incestus.

Ces contrées abondaient en monuments de cette espèce; un marbre chargé d'une inscription, qui fut trouvé parmi les débris d'un édifice renversé sur les confins de *Stabie* et de *Nucérie*, fait mention de deux *bidentals* à Nucérie, et du temple du Génie à Stabie, réparés par *M. Cœsius Daphnus*.

D. D.
M. CAESIVS DAPHNVS
DVO BIDENTAL. NVCERIAE ET
VETVSTAM AED. GENI STABIAE
LABANTIB. MARMORIB. VEXATA
PROVIDE RESTITVIT.

Par décret des Décurions, Marcus Cœsius Daphnus a réparé à propos deux bidentals à Nucérie; et à Stabie, l'ancien temple du Génie, dont les marbres étaient près de s'écrouler.

Sur l'*épistylium* circulaire (l'architrave), posé sur les huit petites colonnes, dont nous avons parlé, s'est trouvée une inscription en langue osque ou samnite, qu'on peut voir aujourd'hui dans la cour du Musée-Royal. Les académiciens, dits d'Herculanum, la lurent ainsi : NITREBIIS TR. MED. TVH. A. AMANAPPHED; leur traduction latine est : *Nitrebes ter Meddistuticus septo conclusit*, c'est-à-dire que Nitrebus, qui avait été trois fois meddistuticus, ou mediastuticus, comme on le lit dans Tite-Live, (magistrat suprême préposé par les Samnites, qui alors étaient les maîtres de Pompéi), l'avait entouré (le puits) tel qu'il était alors.

Maison à trois étages découverte pendant le séjour qu'a fait à Naples l'empereur Joseph II.

A droite du temple, du cimetière et du puits, la vue des anciennes murailles publiques qui entouraient Pompéi, est d'un grand intérêt. pendant le séjour que l'empereur Joseph II a fait à Naples, on ouvrit dans ce lieu une fouille que l'on commença en sa présence ; le succès couronna l'entreprise. Après avoir enlevé la terre végétale et la poussière volcanique de quelques palmes seulement, on découvrit les restes d'une maison qui avait été érigée sur les redans du mur public, elle avait trois étages : le plus élevé, qui est aujourd'hui en ruine, était au niveau des autres édifices de Pompéi ; les deux autres étages, qui subsistent encore, ont dû leur conservation aux profondeurs qu'ils occupent sur la pente de la colline, d'où ils avaient une issue sur le rivage de la mer, qui n'était pas loin de là. Nous pénétrâmes dans cette maison par un escalier long et étroit, sur lequel ouvrent plusieurs chambres de l'un et l'autre étage ; on y rencontre encore des restes de peintures et de stuc. Dans la partie la plus basse, est un bain avec une étuve, où l'on trouva le squelette d'une dame qui, peut-être, venait de sortir du bain. Il est présentement dangereux de descendre jusqu'à cette salle à cause du gaz acide-carbonique qui y est répandu, et qui pourrait y causer des suffocations. Au bas de l'escalier, nous vîmes un passage qui séparait la maison de la colline ; au fond de ce passage, existe encore une cave creusée dans la pierre ponce, ou la lave volcanique de temps immémorial ; c'est sur cette espèce de solide que sont fondées presque toutes les maisons de Pompéi.

Beaucoup de vases en bronze, à l'usage ordinaire de la vie et de différentes grandeurs, ont été trouvés dans cette maison ; des peintures agréables en ont aussi été détachées de dessus les murs, et placées dans le Musée-Royal.

Entrée principale du Théâtre tragique.

Après avoir visité les monuments dont nous venons de parler, nous revînmes sur nos pas, pour voir ce qu'il y avait encore d'édifices publics à Pompéi.

Nous observâmes aussitôt, à main droite, un mur neuf qui avait été refait sur le modèle des anciens murs (il imitait exactement le réseau que figure le tuf posé par les anciens), et les architraves de briques qui forment la partie supérieure et plane des portiques, au lieu de voûtes. Là est un long et commode escalier pour descendre à la place marchande (*forum nundinarium*) de Pompéi à droite, et pour aller à l'arrière scène ou foyer (*postscenium*) du théâtre tragique à gauche. Un peu au-delà, nous vîmes la porte principale qui introduisait dans un corridor couvert, d'où on entrait à la salle de spectacle. Tout cela est refait sur le dessin antique avec une merveilleuse imitation, les constructions principales ayant été trouvées dans un état de ruine, les pièces de bois presque consumées, et pouvant à peine servir de modéle. Sur cette porte principale on lisait une inscription qui apprenait au public que les *deux Marcus Holconius*, c'est-à-dire *Rufus et Celer pour l'ornement de la colonie, avaient fait construire, de leurs deniers, la crypte, le tribunal et le théâtre.*

M. M. HOLCONI RUFUS ET CELER
CRYPTAM TRIBUNAL THEATRVM. S. P.
AD DECVS COLONIAE.

La crypte, ou réservoir d'eau.

Nous remarquâmes à côté de cette porte une grande excavation, ou plutôt un grand réservoir propre à contenir de l'eau. C'est de là que se dirigeaient les canaux qui conduisaient l'eau à la partie inférieure de Pompéi et particulièrement au *forum*. Serait-ce là cette caverne, cette voûte profonde que les frères Holconius, qui méritèrent si bien de la patrie, ont fait construire?.... C'est précisément celle-là, répliqua le chevalier à la dame; les eaux du fleuve Sarno, plus élevé que le niveau du terrain, se répandaient par le moyen de conduits cachés par toutes les rues, dans une grande partie même des maisons de la cité, où nous avons eu occasion de remarquer des tuyaux de fontaine, et dérivaient ensuite par des passages différents dans la partie basse de Pompéi. Peut-on voir tant de beaux résultats sans remarquer la magnificence des anciens à l'égard des établissements de première nécessité? Si le comte de

Sarno avait été mieux avisé, il n'aurait pas fait faire un nouvel aqueduc pour transporter l'eau à la *Torre*... mais alors qui pensait à Pompéi ?...

Tribunal de Pompéi.

Près de là est un *atrium*, ou cour découverte en forme de carré long, avec un péristyle autour, composé de huit colonnes cannelées de piperine (1) sur chaque longueur, et de trois sur les côtés les moins étendus. Ces colonnes avaient leurs chapiteaux, des architraves et des corniches correspondant à *l'atrium*; sur la façade on lit une dédicace à *M. Claudius Marcellus.* Nous mesurâmes cet espace dans l'intérieur : il est de quatre-vingt-huit palmes en longueur, et de soixante-quatre en largeur. Ce que ce monument contient de plus remarquable, c'est une sorte de tribune en piperine, élévée au milieu d'un des côtés, avec un petit degré pour y monter.

Chacun a donné son avis sur l'institution de ce bâtiment ; mais nous avons fini par être complètement de celui du chevalier, qui a

---

(1) Sorte de ciment d'Italie.

prétendu que c'était le *tribunal*, ou la *curie* de Pompéi, bâti par les *Holconius*, comme l'inscription nous l'avait appris. Cette conjecture est tout-à-fait d'accord avec *Vitruve*, qui enseigne expressément que la *curie* était réunie au *forum* et au théâtre, où se portait ordinairement la foule des citoyens. Pompée avait fait construire à Rome la salle du bareau en avant de son théâtre. C'est dans cette enceinte, dit Suétone, que *César* fut tué. Outre la tribune, celle-ci était décorée d'une corniche saillante, que *Vitruve* désigne comme un ornement obligé dans un tribunal pour que la voix des orateurs, des plaideurs, ou du juge ne se dissipe pas sans résonner et sans pouvoir être entendue par tout le peuple.

Temple d'Isis.

Après être sortis du tribunal par l'issue qui donne sur la rue, nous trouvâmes, du même côté, le temple d'Isis. Le commerce que cette cité pratiquait, dit l'étranger, avec les négocians d'*Alexandrie*, qui seuls trafiquaient alors dans les Indes, donna lieu d'adopter ici le culte de cette divinité. Les Pompéiens voulurent sans doute en éterniser la mémoire par tant d'emblêmes tracés de sacrifices et de rits égyptiens, qu'ils laissèrent à la postérité; par tant de peintures de leurs dieux; tant de plans géographiques de leurs pays! Il faut dire aussi, ajoutai-je, que, dans quantité de villes anciennes de ce royaume, le commerce avait étendu le culte de la même divinité. J'ai vu un temple semblable à *Aternum*, aujourd'hui *Pescara*, avec l'inscription tronquée : ATERN. QVI FVIT IN COLLEG ISID : *Qui fut dans le collége d'Isis à Aternum.* A Naples, à Reggio, à Pouzzole et autres cités du royaume, j'ai vu des débris de monumens qui attestaient l'existence ancienne de ce culte.

Le temple d'Isis à Pompéi est *hypætron*, c'est-à-dire découvert, entouré du péristyle ordinaire, ou portique couvert, soutenu dans les côtés les plus étendus par huit colonnes, et par six sur le fronton. Ces colonnes sont d'ordre dorique sans bases, de neuf pieds et demi de haut. Les dimensions de ce temple ne sont pas de plus de quatre-vingt-quatre palmes de longueur et de soixante-quatorze de largeur. Tout l'édifice est construit en briques, enduites d'un mastic très-dur, dont les anciens faisaient un fréquent usage. Le style en est beau et élégant, mais des architectes expérimentés reconnaissent que les proportions en sont trop rétrécies.

Le sanctuaire, tout-à-fait isolé dans la partie reculée du temple, est fait pour éveiller l'attention de l'observateur. On y monte par sept degrés revêtus autrefois de marbre blanc. Il consiste dans un petit temple carré voûté couvert en tuiles, embelli de stucs dans toutes ses parties intérieures, ayant deux niches dans son frontispice, et une autre dans la partie opposée. Deux autels sont au fond de ce sanctuaire, et de chaque côté deux élévations, sur lesquelles étaient placées les deux fameuses *tables isiaques* (1). Un petit, mais élégant vestibule, soutenu par six colonnes proportionnées, et orné d'une belle mosaïque, servait d'introduction à la *cella*, ou nef intérieure : là, sur une élévation, se trouvèrent les fragments de l'idole avec l'inscription suivante sur sa base :

L. CAECILIVS
PHOEBVS POSVIT
L. D. D. D.

Lucius Cæcilius Phœbus l'a placée dans ce lieu par décret des Décurions

Pendant que nous étions occupés à l'observer, nous fûmes avertis par un familier de ces fouilles de ne pas trop nous arrêter dans ce lieu, parce que non loin de là se développe une vapeur homicide, ou gaze acide carbonique, appelé par les paysans *mofette*, qui donne avec promptitude des douleurs à la tête. La dame dit, à l'occasion de cet avis, que dans tous les temples, les plus fameux de l'antiquité, où l'on

---

(1) De ces tables *isiaques*, une seule fut tirée entière des décombres; elle est revêtue de caractères *hiéroglyphiques*, semblables à ceux qui se voient sur les débris des statues *d'Isis*, et des *Pastophores* qui sont dans notre musée.

rendait des oracles et principalement à *Delphes*; c'était au moyen de ces vapeurs que la *Pythonisse* roulait des yeux égarés, agitait sa chevelure, et se débattait sur son trépied. Tombée dans cet état de paroxisme, les prêtres rusés l'interrogeaient au nom de la divinité; et elle proférait, comme par contrainte et avec peine, quelques paroles entrecoupées, que l'on prenait pour résultat de l'inspiration du dieu..., C'est ce gaz qui aura produit l'effet merveilleux sur la *sibylle de Cume* dans son antre, ainsi que Virgile l'a décrit au VIe Liv. de l'Enéïde.

Sous le trône de l'idole, il est remarquable qu'il existe une petite chambre, ou *testudo*, (petite voûte), où l'on peut soupçonner que les fourbes prêtres se cachèrent lorsqu'ils rendirent des oracles au nom de la déesse. Derrière ce petit temple on voit les restes de son escalier dérobé.

Deux grands autels occupaient les côtés du temple découvert; le premier à gauche servait à brûler les victimes; et l'autre à droite était chargé des cendres sacrées; on y en trouva une grande quantité. Sous ce temple passe l'aqueduc qu'a fait faire le comte de Sarno, et on s'aperçoit que pour ne pas gâter le temple qui était au-dessus et particulièrement les colonnes, il dut faire une voûte en forme de grotte d'une grande étendue. D'autres autels, placés le long des colonnes, devaient servir à répandre sans cesse une fumée d'encens, et a rendre, par ce moyen plus respectable, ce temple sacré.

Auprès de l'autel qui était à gauche, nous vîmes une petite loge découverte, à laquelle aboutissait un escalier souterrain; il nous sembla que c'était un lieu destiné aux purifications, à raison de la cuvette qui était placée dans sa partie la plus reculée. Différents bas-reliefs en stuc en décoraient les murailles.

Dans le mur qui fait face au sanctuaire, était pratiquée une niche, où on avait peint un *Harpocrate*, qui par des motifs tirés du respect que l'on devait à la religion, faisait signe du doigt que l'on eût à garder le silence. Au-dessous on trouva un banc en bois presque consumé, avec un *prie-dieu* pour les adorateurs; et afin de rendre utile l'usage de ce banc, on l'a refait à neuf sur le même modèle, et chacun peut se procurer la satisfaction d'observer ce temple étant assis, et de remonter par la pensée jusqu'au temps du paganisme, que l'aspect de ces lieux semble rendre présent au spectateur.

Une découverte remarquable, dit le chevalier, fut celle de deux vases propres à contenir de l'eau lustrale, qui étaient placés à l'entrée de la porte intérieure à côté des colonnes. Ces vases étaient en carré long, de marbre blanc, soutenus chacun sur un seul pied, d'un travail fort élégant, avec l'inscription : LONGINVS II VIR ; aujourd'hui on les voit au Musée-Royal. De plus on a trouvé près de là une espèce de tronc en bois consumé en partie, et qui contenait de la vieille monnaie en bronze : c'était dans ce tronc que la charité publique répandait ses bienfaits.

Dans l'enceinte de ce temple, dit la dame, on aura recueilli quantité d'objets curieux et intéressants, car il était au nombre des plus considérables de Pompéi..... Parmi les découvertes précieuses qu'on y a faites, répliqua le chevalier, celle qu'on met au premier rang, est la rencontre des tables isiaques (*tabulæ isiacæ*), qu'on transporta au Musée-Royal. On y trouva aussi beaucoup de peintures que l'on détacha des murailles, et qui représentaient différents dessins d'architectures : une *Isis* avec le *sistre* à la main ; un *Anubis* avec une tête de chien ; différents prêtres avec des palmes ou avec des épis ; et l'un d'eux qui tenait une lampe suspendue. On y voyait l'*Hippopotame*, l'*Ibis*, le *Lotus*, et différentes arabesques figurant des oiseaux et des Dauphins (1); la statue de *Vénus* en marbre, dont les bras, le col et le nombril étaient dorés ; et en outre les statues de *Bacchus* et de *Priape* et une d'*Isis* en argile ; les ustensiles en bronze de tout ce qui constitue l'appareil des sacrifices (et certainement rien de semblable pour la rareté n'a été découvert en aucune autre partie du monde): c'étaient des *lampes*, des *candelabres*, des *réverbères*, des *trépieds*, des *lits à l'usage des déesses* (*lectisternium*), des *coupes*, des *encensoirs*, des *cassolettes*, de *grands bassins*, propres aux sacrifices, des *burettes*, des *marteaux*, des *couteaux*, des *clairons*, des *sistres*, des *cymbales*, des *goupillons*, et enfin les *aiguilles augurales* pour faire des observations dans les entrailles des victimes..... Ce devait être, dit alors l'étranger, un sanctuaire très-fréquenté par les gentils, et surtout par les dames qui, tous les jours entraient dans la confrérie d'Isis : *erant in casto Isidis*. La quantité

---

(1) Toute *l'ichnographie* des trois côtés intérieurs de ce temple, avec leurs descriptions, et d'autres gracieuses peintures représentant des campagnes et des marines que font graver les académiciens d'Herculanum, n'ont pas encore été livrées au public.

d'autels dédiés à cette déesse en fait foi. Les ministres, loin de croupir dans l'oisiveté, devaient trouver de l'occupation dans l'exercice d'un tel culte. Cette quantité d'instruments qu'on y employait et que nous venons d'énumérer, ne laisse aucun doute sur ce fait. La plus imposante de ses cérémonies était celle des supplications publiques, lorsqu'on faisait usage des *lits*, où s'asseyaient les divinités, et lorsqu'on leur servait une table somptueuse. Cette grande solennité était destinée à détourner les calamités publiques qui menaçaient l'état. Voilà l'usage que l'on faisait des *lectisternia* : les *épulons*, prêtres, qui présidaient à ces festins, les consommaient en réalité.

Après avoir examiné l'intérieur du temple dans chacune de ses parties, nous en sortîmes pour visiter son pourtour. L'habitation des ministres isiaques est à gauche : elle consiste en deux chambres de retraite et une *cuisine* encore toute reconnaissable par les objets qu'elle présente ; on y voit son foyer et ses fourneaux tout semblables aux nôtres. On y trouva des vases en terre avec des *os de jambons* ; et dans un coin des *écailles de poissons* ; une pièce sert de desserte à cette cuisine : c'est une espèce de dépense ou d'arrière cuisine avec un cellier. Dans la première chambre de retraite, on découvrit le squelette d'un prêtre ayant une hache à la main, incliné contre un mur; voulant fuir, il avait déjà franchi deux issues, mais il était trop tard. Un autre prêtre fut trouvé dans la basse cour, derrière le sanctuaire. Ces prêtres étaient probablement occupés à manger, lorsque la pluie de cendres pressa leur sortie; car on trouva des *os de poulets*, quelques *œufs* et des vases d'argile dans l'appartement. On découvrit encore d'autres squelettes de prêtres. Il paraît qu'ils périrent tous dans cette enceinte; soit qu'ils n'aient pu s'échapper, soit que leur religion leur fît un devoir de ne pas abandonner dans le péril la divinité qu'ils servaient. Les peintures les représentent avec la tête rasée; leurs vêtements étaient de lin blanc, et leur chaussure était d'un tissu si transparent, qu'on voyait leurs pieds au travers. Tel était le costume ordonné par leur rituel pour faire connaître que leur déesse avait introduit en Egypte l'usage du lin (1).

Sortis de l'habitation des prêtres, nous observâmes le lieu saint le plus retiré, qui est derrière le sanctuaire. Il consiste dans une cour découverte, où l'on ne pénètre qu'en passant

---

(1) *Ovid. amor. lib.* 2. *Eleg.* 2. *et alib.*

sous cinq arcades ; cette cour a trente palmes de long et quarante-neuf de large ; une porte communique à une chambre contiguë, qui sans doute contenait les ornements sacrés. Nous y vîmes un bassin propre à conserver l'eau ; là on put recueillir tous les instruments qui servaient aux sacrifices. Parmi eux, on trouva deux sistres d'un prix inestimable, destinés à accompagner, par leur harmonie, toutes les fêtes et les cérémonies isiaques. On y trouva deux *lectisternium*; savoir : un en bronze avec des franges d'argent, qu'on voit aujourd'hui restauré au Musée-Royal, et un autre en ivoire, mais qui est en morceaux ; et enfin un chandelier en bronze, qui avait la figure et les feuilles du *lotus*, plante indigène des marais d'Egypte. Outre ces rares monuments de l'antiquité, on découvrit deux idoles égyptiennes de *bazalte* d'un grand prix, qui soutenaient sur leurs têtes, avec leurs mains, une vaste coupe. Elles sont aujourd'hui l'ornement du Musée-Royal. On voit encore la chapelle où elles reposaient. La corniche de cet édifice, à l'époque du tremblement de terre, fut retournée pour opérer une restauration. Elle contenait l'inscription suivante :

M. LVCRETIVS RVFVS LEGAVIT.

Marcus Lucretius Rufus l'a léguée par testament.

M. de Saint-Non, dans la distribution qu'il fait de toutes les parties de ce temple, assigne cette chambre et la cour découverte à l'usage des mystères secrets et des cérémonies cachées du culte isiaque auxquels les prêtres seuls et les initiés pouvaient assister. Les emblêmes de leurs divinités, suivant ce qu'il affirme, étaient les statues de *Bacchus*, de *Vénus* et de *Priape* qu'on a trouvées dans ces lieux; et celle d'*Isis*, du style égyptien; qui avait dans la main un instrument en forme de T; c'était peut-être le *sistre* qui lui était consacré à cause du son aigu qu'on en tirait, qui ressemblait beaucoup à celui que rendent les épis agités par le vent. On sait qu'Isis passait en Egypte pour avoir enseigné l'art de cultiver les plantes céréales. M. de Saint-Non attribue à l'association aux mystères isiaques qui étaient répandus partout, l'extension de son culte à Pompéi et dans d'autres villes.

De plus, dans certaines parties de la cour découverte, on a trouvé des *Hermès*, ou des petites colonnes de marbre avec des têtes de différentes divinités, qui servaient peut-être pour délimiter des champs auxquels Isis présidait. Enfin sur le pavé en mosaïque on lisait ces inscriptions à présent totalement effacées.

CORNELIA CELSA
N. POPIDI CELSINI
N. POPIDI AMPLIATI.

Tels étaient les noms de tous les membres de la famille *Numerius Popidius Celsinus*, qui fit reconstruire ce temple renversé par le tremblement de terre, premier désastre qu'éprouva Pompéi. En effet, on remarque dans le temple que les anciennes colonnes avaient été placées à sa restauration *différemment de ce qu'elles le furent antérieurement*. On lisait sur le frontispice de ce temple, dans son inscription, un trait de générosité digne d'être transmis à la postérité. Cette inscription est à présent déposée au Musée-Royal. Elle fait connaître « que Numé-
» rius Popidius Celsinus, fils de Numerius,
» rétablit de ses deniers le temple d'Isis renversé
» par un tremblement de terre ; qu'il fallut le
» relever depuis les fondations ; et que pour
» reconnaître cette action généreuse, les Dé-
» curions l'agrégèrent honorablement à leur
» ordre ; qu'il était alors âgé de soixante ans. »

N. POPIDIVS, N. F. CELSINVS
AEDEM ISIDIS TERRAEMOTV
COLLAPSAM
A FVNDAMENTIS. P. S. RESTITVIT
HVNC DECVRIONES OB LIBERALITATEM
CVM ESSET ANNOR SEXS (1)
ORDINI SUO GRATIS ADLEGERVNT.

---

(1) Cette inscription, unique dans son genre, parce qu'elle

Le dessin qui représente ce temple tel qu'il est maintenant et tel qu'il avait dû être avant l'éruption volcanique, se trouve dans le voyage pittoresque de M. Després. Son imagination vive et ardente lui a fait concevoir et exécuter la représentation d'une fête isiaque avec tout l'appareil sacré des sacrifices, et le rituel des cérémonies. De plus, on y voit le Dieu *Apis*, couronné de fleurs; sous la forme d'un bœuf, dans l'attitude d'une divinité placée pour recevoir les hommages des prêtres qui l'entourent, et qui forment différents groupes avec des *sistres*, des *cymbales* et des *trompettes*.

---

spécifie en toutes lettres au lieu de chiffres, l'âge de Popidius, a fait le désespoir de tous les érudits d'Italie à l'époque de sa découverte. Ils se provoquèrent de toutes parts pour préciser l'expression SEXS, qui pouvait signifier seize, aussi bien que soixante; l'avocat *Antonio Sergio*, en remit une copie à l'avocat *Dominico Ravizza de Lanciano*, et on peut dire sans exagération, que celui-ci fit sur ce mot une dissertation qui fut approuvée des savants. Le marquis *Tanucci*, secrétaire d'état, la fit insérer dans les nouvelles littéraires de Florence, par le docteur *Lami*. On peut la lire encore dans le recueil des Opuscules Scientifiques, imprimé à *Venise*, en 1767, et enfin dans le recueil de prose du docteur *Ravizza*, imprimé à *Naples*, l'année 1794.

Temple d'Esculape.

A peine sortis du temple d'Isis, nous vîmes à droite une petite rue qui conduisait au corridor du théâtre tragique, et en-deçà une chambre large et spacieuse qui devait servir de receptacle aux bêtes destinées à être offertes pour victimes au culte d'Isis. Les anneaux en fer qui se trouvèrent là nous l'indiquèrent.

Tout près du chemin, du même côté que cette chambre ou écurie, nous entrâmes dans un temple très-petit, dont le toit est renversé; un grand autel en tuf en occupe le centre; sa forme carrée paraît bien conservée. Nous montâmes au sanctuaire par neuf gradins; ce sanctuaire était sans doute couvert. Les débris des colonnes qui supportaient le toit le démontrent. Aucune décoration ne distingue ce temple en ruine, et son architecture ne semble pas faite pour avoir attiré l'admiration; seulement trois statues de terre cuite en ornaient le tabernacle; et ces statues rappelaient les temps anciens de simplicité, où une pierre informe représentait une divinité. Celles qui figuraient dans ce temple, étaient *Esculape*, *Hygiée* et *Priape* : ce sont les emblêmes de la santé et de l'agriculture.

Atelier de statuaire.

Dès que nous eûmes achevé cette visite, nous remarquâmes que dans cette partie de la ville beaucoup de maisons et de boutiques renversées s'offrent à la vue. Dans une d'elles, en face du temple d'*Esculape*, on découvrit le squelette d'une dame qui avait sur elle différents ornements, des pièces d'or, et des bracelets d'or. A droite nous entrâmes dans l'atelier d'un statuaire. Cette découverte fut une des plus importantes de Pompéi, parce que l'on y trouva des statues en marbre, les unes à peine finies, les autres dégrossies seulement, avec quantité de marbres pour en fabriquer; des ferrements et des machines propres à l'exercice de cet art (1).

---

(1) Tous ces outils et ustensiles sont placés dans une chambre haute du musée-royal de Portici. Malgré la quantité de ces objets qui ont été détruits par la rouille, il reste encore trente et plus de ces pièces, tant marteaux, que maillets à sculpteur; petits marteaux; beaucoup de compas, les uns courbés, les autres droits, grand nombre de scalpels de différentes grandeurs, plusieurs très-petits, quelques-uns ayant encore le taillant en

Le chevalier fit une réflexion fort juste à cette occasion. Il nous dit qu'il eût été nécessaire, pour l'étude de la sculpture antique, de conserver réunies toutes ces ébauches, et de déposer dans des armoires particulières les ferrements que l'on rencontra ici.

La maison du statuaire est belle et spacieuse; sa cour est découverte et embellie comme toutes les autres, du bassin, en forme de carré long, pour recevoir les eaux de pluie. Mais peu de chambres sont encore intactes. Il y avait au-dessus un premier étage où conduisaient plusieurs marches d'escalier. Aujourd'hui l'on ne voit bien que le seul *atrium* avec le péristyle autour, soutenu par dix colonnes de briques revêtues de stuc, avec deux puits.

Dans l'autre rang de maisons de la même rue, on remarque une boutique de marchand d'huile ou de vin, dans laquelle on a trouvé quatre gros vases en terre cuite, qui étaient placés dans le comptoir recouvert de marbres : ils portaient sur eux la désignation du nom du mar-

---

bon état, d'un acier très dur ; trois ou quatre léviers de fer pour remuer les grosses masses, des ustensiles en fer pour élever des marbres sur les édifices; différentes scies, dont une a été trouvée dans le chemin qu'on lui avait frayé dans un bloc de marbre, et d'autres objets encore de même nature.

chand. On y lisait : *C. Cluenti ampliati*. Dans le fond de l'appartement est le petit four d'usage ; c'est une chose remarquable que la quantité de beaux marbres et le grand nombre de bonnes peintures que l'on rencontre dans ces boutiques et qui servaient à leur décoration. Vis-à-vis nous revîmes la grande porte du théâtre.

Théâtre comique de Pompéi.

Dès notre entrée nous fûmes frappés de la vue de deux théâtres au lieu d'un; ils ne sont séparés que par un portique. Le premier plus petit, moins élégant, était couvert; l'autre, plus grand et noblement décoré, était en plein air. Il eût sans doute été inutile de construire deux théâtres ainsi contigus, s'ils eussent dû être employés au même usage. Cela nous porta à croire que le premier servait aux représentations comiques ou satyriques, et que le second était réservé aux scènes tragiques. Cette première idée émise au hasard par l'un de nous, fut pleinement justifiée, par ce que nous découvrîmes d'analogue à l'un et à l'autre théâtre.

Nous attachant d'abord à examiner le premier, nous lûmes sur la porte une inscription qui est répétée dans les mêmes termes sur le mur de la partie opposée. Elle signifie que *les Duumvirs Caïus Quinctius Valgus, fils de Caïus, et Marcus Porcius, fils de Marcus, par décret des Décurions, tranchèrent l'adjudication de la construction du théâtre couvert, et en approuvèrent l'exécution.*

C. QVINCTIVS C. F. VALG.
M. PORCIVS M. F.
DVOVIR. DEC. DECR.
THEATRVM TECTVM
FAC. LOCAR. EIDEMQVE PROBAR. (1)

Introduits dans le théâtre, nous nous arrêtâ-

---

(1) Une autre inscription du même Quinctius Valgus, fut trouvée en 1811, dans les ruines de l'antique *Eclanum*, près de Mirabella: inscription qui m'a été communiquée par l'érudit Jean-Antoine Cassito, et dont voici la copie :

C. QVINCTIVS C. F. VALG. PATRON. MVNIC.
M. MAGI. MIN. F. SVRVS. A. PATLACIVS Q. F
IIII VIR. D. S. S. PORTAS. TVRREIS MOIROS
TVRREISQVE AEQVAS QVM MOIRO
FACIVNDVM COIRAVERVNT

Caius Quinctius Valgus, fils de Caius, patron de la colonie, Marcus Magius Surus, fils de Minatius, Aulus Patlacius, fils de Quinctius, Quartuumvirs, firent construire à leurs frais les portes, les tours, les murs, et les tours égales avec le mur.

Ce Valgus, patron de la commune d'*Eclanum*, est donc le même qui fut Duumvir à Pompéi, et qui fonda son théâtre. Cette inscription fournit à l'histoire la connaissance de deux événements précieux. Le premier, que le théâtre de Pompéi fut bâti peu de temps après la guerre d'Italie, ou *sociale*. En effet *Valgus*, fut à Eclanum, collègue de *Marcus Magius Surus*, fils de Minatius Magius, d'Eclanum, qui se distingua tant

mes sous son enceinte, au lieu désigné sous le nom d'*orchestre*, pour observer l'effet de l'ensemble et pour voir chacune des parties dont il était composé. La première singularité remarquable, est qu'il était couvert. Sur l'extrémité du mur demi-circulaire, ou plutôt sur la corniche, on voit encore l'indication de l'appui des colonnes sur lesquelles reposait le toit; on remarque qu'il y avait une ouverture entre une colonne et la suivante pour favoriser le courant d'air au moyen de ce vide, et donner de la lumière aux spectateurs. Tout cela était bien extraordinaire, et je ne pus m'empêcher de dire : nous trouvons donc un théâtre couvert à Pompéi? Je sais bien que *Philostrate* fait mention d'un théâtre couvert qui se voyait à *Corinthe*; et *Pline* parle de l'architecte *Valère* qui, le premier, construisit à Rome un théâtre couvert; mais ce genre de théâtre était si rare, que sur cent à peine en retrouvait-on

---

dans la guerre italique, ainsi que l'atteste son petit fils *Velleius Paterculus*. Le second, que ce Quinctius Valgus, était né à Eclanum ainsi que Marcus Magius. M. Cassito a composé une très-docte dissertation pour faire connaître qu'outre Marcus et Minatius Magius, Eclanum a produit d'illustres citoyens : tels que le jurisconsulte *Neratius Proculus*; le poète très élégant *Barbrius*, dont il reste une seule fable conservée dans le recueil des Contes anciens; et l'historien *Velleius Paterculus*.

un seul de la sorte (1). Ces théâtres couverts s'appelaient *odeum*, nom dérivé du Grec. Ils étaient situés près du théâtre tragique, et le plus souvent à sa gauche. *Pausanias* et *Vitruve* parlent de l'odéon, qui était à Athènes près du théâtre et du temple de Bacchus; et *Plutarque* rapporte que *Périclès* y faisait faire assaut d'exécution aux musiciens de son temps. C'était un théâtre du second ordre, où l'on allait entendre de la musique, voir jouer la comédie, les pantomimes, et les représentations satyriques; assister aux luttes que se livraient les poètes à la lecture des poëmes, et le plus souvent à des disputes philosophiques, dont un trépied était la récompense du vainqueur. Ce théâtre servait encore pour les préparations et les essais des tragédies que nous appelons aujourd'hui répétitions; et souvent aussi, selon

---

(1) Naples avait aussi son théâtre couvert, indépendamment d'un théâtre découvert; c'est sur le premier, au dire de *Stace*, qu'on représentait les comédies de *Ménandre*.

Et geminam molem nudi, tectique theâtri.
Quid laudem risus libertatem que Menandri,
Quam romanus honos, et graja licentia miscent

Et la double masse des théâtres, dont l'un est couvert, et l'autre est découvert.

Vanterai-je la verve comique et la liberté de Ménandre; des pièces enfin où la licence grecque est si généreusement tempérée par la décence romaine.

Vitruve, pour se mettre à l'abri par un temps de pluie. Il était donc nécessaire qu'il fût couvert, devant servir à tant d'usages si différents et si multipliés ; au contraire il était très-convenable au théâtre tragique qu'il fût découvert, parceque la représentation qui s'y donnait, ne durant que quelques heures, devait être éclairée de toute la lumière du ciel, les Anciens ne sachant pas tirer parti des lampions et des lustres pour éclairer leurs salles de spectacles pendant l'obscurité.

Après ces observations que nous avait suggéré le premier aspect de ce théâtre, nous commençâmes à examiner en détail toutes ses parties.

Le pavé de l'orchestre est digne d'admiration (1); il est formé de marbres grecs disposés

---

(1) L'orchestre qui vient du grec ορχεισθαι, c'est-à-dire *danser*, était cet espace ou intervalle entre les gradins destinés au public et l'avant-scène, que nous appelons parterre du théâtre, ainsi dénommé par les Grecs, parceque dans leurs salles de spectacle, on exécutait des ballets et des danses, et que c'était là que se plaçaient les *thymelici* ; c'est-à-dire les joueurs de harpe, de luth et de flûte. Les Romains et leurs successeurs ont emprunté le nom, mais non l'usage : car on fait de l'orchestre des Anciens le parterre assis, et les danses et les chœurs s'exécutent sur le théâtre, qui n'était chez les Anciens destiné qu'aux acteurs dramatiques : d'où il est résulté que si chez les Grecs, le théâtre scénique était élevé de douze pieds, on a dû le rabaisser chez les Romains à cinq pieds d'élévation, afin que

en différents compartiments. On lit au milieu cette inscription en caractères de la longueur du doigt, en bronze; elle en occupe tout le diamètre.

M. OCVLATIVS. M. F. VERVS
II. VIR. PRO. LVDIS.

Marcus Oculatius Verus, fils de Marcus, Duumvir préposé aux jeux.

Si *C. Quinctius* et *M. Porcius* eurent la charge de faire construire ce théâtre, *Marcus Oculatius Verus*, fils de *Marcus*, décoré de l'emploi de Duumvir, eut la présidence des jeux et du spectacle. C'était à lui qu'appartenait le soin de conserver l'ordre, et d'enjoindre aux locataires ou désignateurs de répartir chacun sur les sièges qui leur convenaient, et de chasser les audacieux qui usurpaient la place des autres.

Le pavé de neuf pas de diamètre touche l'une et l'autre extrémité de l'hémicycle, qui est terminé par deux pattes de lion en pierre volca-

---

les acteurs fussent visibles des premiers degrés du parterre où s'asseyaient les sénateurs. Voyez *Vitruve*, livre V, et les notes du marquis *Galiani*.

nique. Là commence l'amphithéâtre en quatre ordres de gradins plus élevés et plus spacieux les uns que les autres... Je pense, dit la dame, que c'était sur cette dernière espèce de gradins les plus distingués que les Décurions et les autres magistrats se plaçaient étendus sur des oreillers de plumes, dans les villes municipales et coloniales. A Rome cependant, autant que je puis me le rappeler pour l'avoir lu, après l'orchestre, où s'asseyaient les sénateurs, il y avait quatorze gradins destinés à recevoir l'ordre des chevaliers... C'était en effet ainsi qu'étaient ordonnés les rangs, répliqua le chevalier; et cette manière de se placer s'appelait : *sedere in quatuor decim* : s'asseoir dans les quatorze premiers rangs (*Suet. in Jul. cap.* 39).

Dix-huit autres rangs de gradins étaient ensuite établis dans un tel ordre, que chaque gradin s'élargit davantage sur les côtés, pour former le diamètre de l'hémicycle profond dans le fond de la salle, et se rétrécit en approchant de l'orchestre.

Après les quatre premiers gradins, on en remarquait un qui indiquait une limitation par sa forme plus étendue. Nous reconnûmes là une des précautions, dites en Grec διαζωματα, au moyen de laquelle on séparait le premier du second ordre de l'amphithéâtre, qui était le lieu distingué où s'asseyait la noblesse. On voit ensuite le second parapet, ou la seconde enceinte qui séparait le rang moyen, ou secondes places des dernières. C'étaient les plus élevées de l'amphithéâtre, destinées aux femmes et au peuple, avec cette distinction que faisait faire le désignateur, que dans les gradins du sommet, la populace, *ceux vêtus de gris*, pouvaient seulement trouver place d'après l'ordonnance d'*Auguste*, publiée à Rome, et que rapporte Suétone : *Ne quis pullatorum mediâ caveâ sederet*. Sénèque voulant désigner la dernière classe du peuple, disait : *Ad summam caveam spectare* : « ceux qui voient le spectacle du gradin le plus élevé. » Ces mots ont passé en proverbe.

Les gradins qui occupent la partie du milieu de l'amphithéâtre, sont divisés par six ouvertures en ligne droite, qui descendent du haut en bas, et qu'on appelle les voies, les chemins, les escaliers ; ils sont d'autant plus comprimés et d'autant plus étroits, qu'ils s'éloignent de six *vomitoires*, ou portes supérieures, correspondant au corridor couvert, d'où ils descendent à la première enceinte. C'était par ces portes que le public, pénétrant dans l'amphithéâtre, se répandait dans le lieu qui lui était assigné. Ces issues servaient encore à vider la salle, lorsque le spectacle était fini.

Ces chemins ou escaliers coupant les gradins circulaires en six parties avec deux terminaisons, formaient cinq *cunei* ou compartiments, appelés coins, parce qu'ils étaient plus larges en haut qu'en bas, selon la figure d'un coin. Véritablement, dit la dame, cette disposition, ou plutôt cette répartition de gradins était très-ingénieuse et très-commode; mais de grâce, je ne puis comprendre comment toute une population pouvait venir assister ici, sans trouble, au spectacle, lorsque l'enceinte de la salle, les divisions de l'amphithéâtre, et tous les gradins enfin étaient à la disposition de ceux qui voulaient s'y asseoir.... Oh! cela, madame, est la chose la plus facile à comprendre, répliqua le chevalier, si l'on veut remarquer que, dans chaque division de l'amphithéâtre, une certaine classe de personnes avait seule le droit de se présenter; c'est pourquoi, l'on distinguait le coin des magistrats émérites, celui des jeunes gens admis à porter la robe prétexte, celui des hommes mariés, des instituteurs; des écoliers, des orateurs, des ambassadeurs, des soldats, qui n'étaient jamais confondus avec le peuple. Il y avait encore d'autres distinctions dans les classes des citoyens : elles étaient exactement observées. Suétone rapporte qu'Auguste fut l'auteur d'un si sage réglement; il fut excité à le composer par la connaissance qu'il eut qu'un sénateur avait été insulté au théâtre de *Pouzzole*; et toutefois, je n'en disconviens pas, comme beaucoup de confusion pouvait être le résultat de tant de variétés et de distinctions de siéges, le Duumvir distribuait à chaque auditeur la *tessera theatralis* (ce sont nos billets d'entrée), pour qu'il occupât la place qui lui convenait. Cette marque contenait premièrement l'indication du théâtre; secondement, l'indication de celui des cinq coins où l'on devait se placer; et enfin sur quel gradin on devait s'asseoir. Je vais vous en imiter une au crayon :

Deuxième travée. troisième coin. huitième gradin. Casina, comédie de Plaute.

On a trouvé quelques-unes de ces marques, ou billets de spectacle, dans les fouilles de Pompéi; elles contenaient le nom de l'auteur de l'ouvrage qu'on allait représenter (1). Telles

---

(1) Deux marques de théâtre, en os, de figure circulaire d'un pouce de diamètre, trouvées dans les fouilles de Pompéi, sont mentionnées dans l'ouvrage des académiciens d'Herculanum (Au vol. V. IV. Pitt.). Sur la première, un édifice qui représente la perspective d'un théâtre est tracé à l'adroit; et à l'envers, on lit ΑΙΣΧΥΛΟΥ, c'est-à-dire Eschyle; indiquant de la sorte que la tragédie qu'on allait représenter était une pièce d'Eschyle. Au-dessus de ce nom est marqué le nombre romain XII, et au-dessous, en grec, le même nombre IB.

Sur la seconde marque on voit d'un côté la représentation d'un édifice demi-circulaire, qui sans doute est la figure de tout l'intérieur du théâtre; et de l'autre côté on lit ΗΜΙΚΥΚΛΙΑ, c'est-à-dire *Hemiciclium*, avec le nombre romain XI, et sous ce nombre, IA grec, qui a la même signification. Les nombres XI et XII dénotaient les gradins que devaient occuper ceux qui présentaient les marques dans la *cavea secunda* (le second rang de l'amphithéâtre); car, pour le premier et le dernier, il n'y avait pas besoin d'indication semblable.

D'autres formes de billets d'entrée pour les spectacles, ou les combats de gladiateurs, sont décrites par *Fabretti*, *Caylus* et *Pignorius*. Elles ne contiennent pas la rare indication du nom de l'auteur de la pièce comme celle que nous avons citée de Pompéi. Mais ces billets d'entrée qui autorisaient à prendre place sur un gradin, dans tel coin, étaient-ils délivrés chez les Anciens pour de l'argent? *Lipse*, *Casaubon*, *Bulingero*, *Pitisco* et d'autres, diffèrent d'opinion à cet égard. *Lipse*, *De Amphith.* croit qu'il fallait payer la marque pour entrer, comme on la paye aujourd'hui, et il appuie son opinion du passage suivant de Suétone, dans la vie de Caligula : *Inquietatus fremitu gratuita in circo loca occupantium.* « Il devint inquiet du frémissement que témoignèrent dans le cirque ceux qui

furent les observations que provoqua l'aspect de l'amphithéâtre propre à recevoir le public. Nous nous retournâmes ensuite pour examiner dans la partie opposée de la salle, la scène théatrâle.

Cette partie du théâtre est en briques revê-

---

occupaient des places gratuites. » De là, il conjecture que, puisqu'on distinguait des places non-payées, c'est que les autres l'étaient. De plus, il rapporte à l'appui de son sentiment les vers de Plaute, dans le prologue du *Manteau*.

Servi ne obsideant, liberis ut sit locus·
Vel æs pro capite dent ; si id facere
Non queunt, domum abeant.

Que les esclaves n'augmentent pas la foule, afin qu'il y ait place pour les hommes libres, ou qu'ils donnent un as par personne; s'ils s'y refusent, qu'ils retournent chez eux.

Casaubon, au contraire, dans ses notes sur les *Caractères de Théophraste*, donne une autre interprétation à ces passages : ou du moins : il prétend que la marque (tessera) était dans tous les cas le billet d'entrée de celui qui ne payait rien pour voir le spectacle.

Si nous devions nous en référer à l'usage des Grecs, de qui cette institution s'est conservée jusqu'à nous, il est hors de doute qu'ils payaient un drachme pour l'entrée au théâtre, et que ce paiement fut ensuite réduit à deux oboles, comme l'explique Démosthènes, *Olynth.* III. Périclès, pour se rendre populaire, fit un réglement d'après lequel on tirait de la caisse des deniers publics la somme nécessaire pour payer au pauvre *peuple* ces deux oboles par tête ; il remettait ces deux oboles au *théâtropole*, ou fermier du spectacle. Ce n'était qu'après avoir pris place et s'être assis, que la collecte de cette somme avait lieu ; un homme masqué passait de gradin en gradin la recevoir.

tues d'un enduit de tuf, dessiné en losanges, recouvert de pièces de marbre blanc, ainsi que les murailles voisines, et peut-être tout le théâtre, (si on en juge d'après les fragments qu'on y voit encore). Ce théâtre consiste en un grand frontispice à trois portes, avec un terre-plein construit en avant, élevé du sol d'environ quatre palmes, et dont la largeur est de vingt palmes entre les deux murs : de ce terre-plein aux murs on devait étendre un échafaud dont on reconnait encore la position aux travées qui le soutenaient ; cet échafaud pouvait s'élever, s'il était nécessaire. Le terre-plein avec le frontispice s'appelait, suivant Vitruve, la *scène stable*, parce que jamais ces parties du théâtre n'éprouvaient de changement ; et l'échafaud, qui était quelquefois moins élevé, s'appelait l'avant-scène, au milieu de laquelle on distinguait, sur un plan plus élevé, le pupitre ou la chaire ; il devait être de cinq pieds plus haut que l'orchestre, d'après les dimensions qu'en donne le même auteur.

L'étranger qui était avec moi sauta sur le mur, bien qu'il y eût quelque danger à cause de son état de ruine. C'est donc ici, dit-il en désignant le terre-plein, qu'était la scène stable ; et ces trois portes servaient à introduire les personnages scéniques ? Voilà où devait être l'échafaud, ou avant-scène, sur lequel s'élevait la chaire, c'est-à-dire la loge, ou la tribune qu'occupaient les acteurs, ou les danseurs, ou les joueurs de harpe, ou le chœur; car cette tribune, dans l'odéon, pouvait également être destinée à des joutes musicales, à la lecture des poëmes, à des disputes philosophiques, et à quelque genre d'exercices littéraires que ce fût. En examinant ce théâtre, on peut comprendre plusieurs passages des auteurs anciens qui, jusqu'à sa découverte, passaient pour douteux ou obscurs.

De l'un et de l'autre côté de l'avant-scène, et tout près de chacun des bouts de l'hémicycle, nous vîmes deux tribunes en pierres volcaniques, qui peut-être avaient été revêtues de marbre. On y montait par deux degrés correspondants à l'intérieur de la scène. C'étaient les deux tribunes réservées au Préteur, au Proconsul, aux Duumvirs et aux Vestales dont nous parlerons à l'occasion du théâtre tragique.

Nous examinâmes ensuite l'arrière-scène, qui consiste en deux longues chambres, que l'on peut appeler le foyer des acteurs; l'une sans contredit devait avoir été couverte, l'autre n'avait jamais eu de couverture.

Ce qui fait penser que ce théâtre s'est écroulé à l'époque du tremblement de terre de l'an 63 de Jésus-Christ, dont nous avons parlé précédemment, c'est que les colonnes, qui soutenaient le toit, ont été trouvées renversées, quand les fouilles se sont faites dans ce théâtre, et qu'on y a trouvé une grande quantité de tuiles neuves placées par ordre, c'est-à-dire, appuyées les unes sur les autres et numérotées avec du charbon, dont la destination était peut-être de servir à recouvrir le théâtre; outre un amas de statues brisées et tronquées qui étaient réunies dans un coin.

Enfin nous remarquâmes que ce théâtre, comme aussi celui destiné à la tragédie, et le forum qui sont à la suite de cette construction, étaient posés sur une lave du Vésuve de la plus grande antiquité; lave qui devait être pour ces édifices une base immobile et éternelle. Mais parlons de l'autre théâtre.

Théâtre tragique de Pompéi.

Ce théâtre réunissait tout ce que les Pompéiens ont pu imaginer de plus magnifique et de plus splendide pour en composer l'ornement. L'art et la profusion des matières mises en œuvre, attestent également le savoir et la perfection. Nous restâmes stupéfaits en sa présence; et le soin que nous apportâmes à en examiner scrupuleusement toutes ses parties, fut bien compensé par le plaisir de connaître tant de perfection.

Nous commençâmes par l'hémicycle. L'ordre des gradins d'une grande dimension, au nombre de cinq dans l'orchestre, tous revêtus de marbre fin de Paros, fixa d'abord nos observations. C'était là que se plaçaient les Décurions, les Édiles, et les autres magistrats, dont nous avons défini les qualités en parlant de l'autre théâtre : nous mesurâmes le diamètre de l'une à l'autre extrémité de l'hémicycle : il y avait dix-sept pas. A la suite de ces gradins, un sixième d'une forme plus large et plus spacieuse, sépare la première travée de la seconde. Au point du milieu de cette seconde travée, étaient fixées trois statues de marbre; nous reconnûmes le lieu qu'elles occupaient aux excavations faites sur le degré qui les supportait. Nous ne pûmes avoir de doute sur la représentation de deux d'entre elles; la troisième pouvait être celle d'un magistrat; mais c'étaient les deux Holconius. Certainement la statue du milieu devait représenter *Marcus Holconius Rufus*, parce que dans les morceaux épars de sa base, l'inscription suivante existe encore. Elle était tracée en gros caractères de plomb; les seules ciselures, où ils gissaient, en indiquent les lettres. Les Pompéiens y expriment ainsi leur gratitude.

M. HOLCONIO M. F. RVFO II VIR. I. D.
QVINQVIENS ITER. QVINQ. TRIB. MIL. AP.
FLAMINI AVG. PATR. COLON. D. D. (1)

A M. Holconius Rufus, fils de Marcus, Duumvir pour l'administration de la justice pour la cinquième fois, flamine augustale, patron de la colonie par décret des Décurions.

---

(1) Grâce à cette inscription nous savons qu'il devait y avoir à Pompéi un temple dédié au divin *Auguste*, dont M. Holco-

Vingt gradins, symétriquement placés les uns au-dessus des autres, formaient la seconde travée ou enceinte : ils étaient revêtus également de marbre blanc. Là les places des différents spectateurs étaient indiquées par sept divisions en forme de coins. Enfin nous observâmes la troisième séparation, qui n'était plus un gradin spacieux, mais qui consistait en un large mur revêtu aussi de marbre blanc. Telle était la disjonction de la deuxième à la troisième travée. Cette dernière, la plus élevée, était composée de quatre gradins où les femmes et le peuple étaient placés pêle-mêle.

On voit bien, dit l'étranger, que ce théâtre-ci était construit dans une dimension propre à contenir un grand nombre de spectateurs, qu'il est plus vaste que l'odéon (*odeum*) que nous venons d'examiner.

Le peuple arrivait dans la seconde enceinte par le moyen de six escaliers pour prendre place dans les compartiments désignés sous le

---

nius exerçait la charge de pontife, avec le titre de *Flamine augustale*.

On doit y remarquer aussi que M. Holconius Rufus y est appelé tribun militaire AP. c'est-à-dire *a populo*, pour indiquer le privilège dont jouissait le peuple de pourvoir à cette charge, bien qu'auparavant elle ait été à la nomination des Consuls, et ensuite des Empereurs.

nom de coins; il entrait du dehors par six *vomitoires*, ou portes supérieures, encadrées de marbres; ces vomitoires correspondaient au corridor couvert, dont l'entrée est pratiquée sous la colonnade, ou grand portique supérieur qui présente au public l'inscription des deux *Marcus Holconius*. Un escalier intérieur, aboutissant à la troisième enceinte, prend naissance également dans ce corridor. Nous y montâmes et observâmes les quatre gradins qui servaient aux femmes et au peuple. Au-devant d'eux il y avait eu une barrière en fer de toute la longueur de l'hémicycle; les trous, au moyen desquels cette barrière était fixée, sont encore très-distincts dans le marbre; et on y voit aussi les plombs qui servaient à y rendre le fer inhérent. Ces gradins supérieurs étaient donc ici découverts, quoique nous apprenions de plusieurs auteurs que, dans d'autres théâtres, ils étaient couverts, et se nommaient *cathedræ*, parce que cette enceinte était composée d'arceaux, appuyés sur des colonnes, et disposés de manière à former quantité de loges ou de tribunes, chacune couverte d'une voûte. *Calpurnius* nous en donne la description. Il écrit que, ne pouvant trouver à se placer dans la première et la seconde enceinte qui étaient occupées par les chevaliers, les tribuns et autres magistrats, il dut monter aux siéges où était placée, pour regarder, la dernière classe du peuple dans les cases destinées aux femmes,

> Venimus ad sedes, ubi pullà sordida veste
> Inter fœminas spectabat turba cathedras,
> Nam quæcumque patent sub aperto libera cœlo
> Aut eques, aut nivei loca densavere tribuni.

Nous parvînmes à ces siéges, où le bas peuple vêtu de couleurs sombres, regardait le spectacle dans les loges destinées aux femmes. Car toutes les parties du théâtre qui sont à ciel découvert, étaient occupées par les chevaliers ou les tribuns vêtus de blanc.

La dame qui était montée avec nous pour visiter cette travée supérieure, d'où l'ordre scénique tout entier s'offre à la vue, n'avait pas encore proféré une parole, tant elle était occupée dans son examen et son admiration, quand, élevant les yeux, elle s'aperçut que toute l'enceinte était découverte et livrée à l'intempérie du ciel.... Comment est-il possible, dit-elle, que, pour satisfaire le désir de voir une représentation, tant de spectateurs allassent s'exposer à l'ardeur du soleil en été, à la pluie et au froid en hiver? Pour moi j'avoue que cette incommodité aurait retenu ma curiosité; j'ignore comment les Anciens pouvaient s'en accommoder... Ne doutez pas, madame, lui répondis-je, du soin qu'ils ont apporté pour y remédier. Lorsqu'ils voyaient le temps pluvieux ou que l'air était chargé de vapeurs froides, ils se revêtissaient d'un manteau, qu'ils appelaient : *lacerna, penula* et *gausapina*, et bravaient ainsi l'intempérie de la saison. Martial se moque d'un certain Horace, qui était venu prendre place au spectacle, à l'amphithéâtre, revêtu d'une casaque noire au lieu d'en avoir une blanche comme tous les autres spectateurs en avaient alors, et il raconte qu'une neige abondante étant tombée du ciel, le manteau d'Horace fut bientôt à la mode.

>Spectabat modò solus inter omnes
>Nigris unus Horatius lacernis.
>Cùm plebs, et minor ordo, maximus que
>Sancto cum duce candidus sederet,
>Toto nix cedidit repente cœlo :
>Albis spectat Horatius lacernis.

Horace était assis au spectacle seul en manteau noir, tandis que le peuple, les magistrats, soit inférieurs, soit supérieurs, et celui qui présidait au spectacle, étaient tous vêtus de blanc; tout à coup une neige abondante tombe du ciel, et Horace se trouve vêtu de blanc comme les autres

Telle était la ressource des Anciens contre le froid et la pluie. Pour se garantir de la chaleur brûlante des rayons du soleil, ils portaient de larges chapeaux thessaliens, que *Caligula* introduisit le premier à Rome. Les Campaniens, qui passaient pour être de tous les peuples d'Italie ceux qui recherchaient davantage leurs commodités, trouvèrent les premiers un remède plus général et plus sûr : c'était les voiles et les antennes qu'on fixait à certaines poutres à l'extrémité du mur où se terminait l'hémicycle, et qui servaient à le couvrir; vous pouvez voir la preuve de ce que j'avance. Voilà les pierres forées et saillantes du mur qui est au-dessus de nous; c'est là que les poutres étaient placées. Remarquez de plus que dans le nouveau mur refait, on n'a pas négligé de faire saillir les mêmes pierres, et d'y fixer une perche pour nous donner une image de ce qui se pratiquait autrefois.

Et cependant le croiriez-vous? Une invention si salutaire ne fut pas adoptée d'abord par les Anciens; on l'appelait une mollesse campanienne; ils continuèrent à rester tout le jour au théâtre exposés à l'intempérie de l'air. *Ammien Marcellin* adressa aux Romains des reproches publics, pour en avoir usé : il les traita d'imitateurs de la mollesse campanienne.

Plebeii velabris umbraculorum theatralium latent, quæ campanam imitantur lasciviam. *Valère Maxime* avait employé les mêmes expressions pour leur faire les mêmes reproches.

Cependant il ne se passa pas beaucoup d'années sans que cette méthode commode ne fût adoptée et exercée avec profusion. On vit les théâtres recouverts de voiles, tantôt rouges, tantôt jaunes, ou de couleur brune. Il y en avait en soie, quelques-unes parsemées d'étoiles. Dans le temps de *Lucrèce*, cette mode était déjà introduite.

Et vulgò faciunt id lutea, russa que vela,
Et ferrugina, cùm magnis intenta theatris,
Per malos volgata, trabes que trementia fluitant.

Telles dans un grand théâtre, les voiles rouges, jaunes ou brunes, flottent déployées sur les mats, et les poutres tremblantes.

Par fois un vent impétueux emportait les voiles flottantes; alors les spectateurs avaient recours à leurs grands chapeaux et à leurs casaques dont ils se munissaient toujours au besoin. Le bon Martial n'oubliait jamais cette précaution.

In Pompeiano tectus spectabo theatro,
Nam ventus populo-vela negare solet.

J'aurai soin de me placer au théâtre de Pompée, la tête bien couverte, car le vent a coutume d'empêcher de tendre les voiles.

Il faut pourtant dire que ces voiles n'étaient pas toujours tendues sur les théâtres de Pompéi, mais qu'on en usait pour certains spectacles, et que les *affiches* annonçaient au peuple, comme un agrément de plus, que ce jour-là les voiles seraient étendues.

Ces observations furent faites en parcourant les différentes enceintes de l'amphithéâtre. Nous revînmes à l'examen de l'orchestre, et nous vîmes à l'une et à l'autre de ses extrémités deux tribunes en pierres volcaniques, qui avaient été aussi probablement recouvertes de marbres; une chaise curule était placée dans la tribune à droite. L'histoire nous a appris que c'était la loge du Préteur ou du Duumvir qui présidait aux jeux; à Rome on la nommait *podium*; c'était la place qu'occupait l'Empereur. Elle était ornée de petites colonnes et de Victoires ailées, suivant le rapport de Vitruve.

Sparcien, à l'occasion de l'Empereur Sévère, nous raconte qu'une de ces Victoires fut un jour jetée à bas par le vent. C'était là la place la plus honorable de tout le théâtre, et pour exprimer le titre le plus éminent aux honneurs publics, *Juvenal* disait : *Ad podium spectavisse*, qu'il avait assisté au théâtre placé au *podium*, (loge impériale); l'autre tribune correspondante, devait être celle des *Vestales* : dans tous les théâtres romains, elles seules avaient droit de s'y placer (1).

On entrait à l'orchestre par deux larges portiques, situés de l'un et de l'autre côté des tribunes, dont je viens de parler. C'était chez les Anciens deux *vomitoires*. Vitruve les recommande dans la construction des salles de spectacle comme nécessaires pour l'entrée des spectateurs, surtout pour faciliter leur sortie sans désordre, et aussi pour servir de refuge pendant la pluie. L'alignement de ces portiques correspond au diamètre de l'avant-scène.

Un grand *frontispice* à trois portes d'une noble dimension, un grand *terre-plein* qui sert de place, avec deux portes latérales, deux murailles correspondantes, sur lesquelles on peut placer un échafaud, voilà tout le théâtre des

---

(1) Solis virginibus vestalibus locum in theatro separatim, et contra prœtoris tribunal dedit. *Suet. in. Oct.* chap. 44.

Anciens. Il nous fut facile de reconnaître d'abord, dans le *frontispice* et le *terre-plein*, le lieu stable de la scène, dans l'échafaud l'avant-scène et l'emplacement de la chaire (*pulpitum*), et dans les deux portes latérales, dites *hospitales* (hospitalières), le lieu où se plaçaient les étrangers. Nous n'avions vu rien de semblable à l'odéon. Trois rangs de colonnes les uns au-dessus des autres, avec d'élégantes bases et des chapiteaux en marbre de choix, six statues élégamment posées sur l'entablement, servaient de perspective aux spectateurs ; le tout était terminé par une belle corniche de marbre blanc, de même disposition que celle qui faisait le tour de la salle : dans son travail délicat, on remarquait un entourage de perles attachées l'une à l'autre par un fil : merveilleux ouvrage d'un inimitable ciseau. On en conserve des fragments dans une salle du forum. Tel était l'aspect du théâtre que nous appelons aussi le lieu de la scène, dont nous reconnûmes l'usage, la construction, et l'économie.

Au premier aperçu l'étranger qui était avec nous, ne pouvait comprendre à quel usage étaient destinées tant de cavités, de traces profondes, de petites voûtes qu'on voyait sous le lieu où s'établissait l'échafaud, et dans différentes parties de la salle, particulièrement sous les gradins; mais le chevalier, Vitruve à la main, nous expliqua très-bien que ces vides, que les Anciens appelaient *cryptœ et operœ fornicatœ*, étaient destinés à recevoir certains vases d'airain, disposés de façon à rendre retentissante la voix de l'acteur, et la modulation de la musique plus sonore et plus agréable. *Lucius Memmius* ayant renversé le théâtre de Corinthe, apporta à Rome ces vases qui servirent de modèle pour ceux qu'on plaça à nos théâtres. Dans les villes où la matière manquait pour faire fabriquer des vases de cuivre, on en composait en gré (*dolia fictilia*) qui produisaient le même effet. D'autres excavations faites de main d'homme que vous voyez, ajouta le chevalier, pouvaient être destinées à cacher les fioles où les tubes, au moyen desquels on répandait, sur tout le théâtre, une vapeur très-odorante de *crocus* (safran), si agréable aux Anciens. *Sénèque* et *Apulée* nous ont conservé la mémoire de cette habitude; il est aussi possible que ces tubes servissent à répandre des odeurs balsamiques, des eaux de senteur, comme *Adrien* ordonna qu'on en répandît en l'honneur de *Trajan*. Quel luxe et quelle profusion !!!

De l'un et de l'autre côté de la scène, qui

n'est assujétie à aucune variation, on voit deux grands vides. Nous y remarquâmes sur le pavé des pierres larges percées, ceintes d'un lien de fer. Dans ces pierres on a trouvé du bois entremêlé, suivant *Winckelmann*, qui atteste l'avoir vu, et qui en fait le récit dans une lettre adressée au père *Pacciaudi*. Ces espaces s'appelaient chez les Grecs περιακτοι; *periacti*. C'est là que se disposaient les machines en bois qui servaient à la scène mobile, c'est-à-dire aux décorations et aux différentes représentations des ouvrages, pour opérer des changements de scène. Les Latins les appelaient *versatiles trigoni*, suivant qu'ils les faisaient jouer de bas en haut, sous la forme des prismes ou des triangles. Ces décorations représentaient des palais royaux, des places publiques des cités, nécessaires pour mettre en scène des tragédies : des intérieurs de maisons, des jardins, des bosquets pour les comédies : des bois, des cavernes et des montagnes pour représenter des ouvrages satyriques. Ces pièces de décoration servaient aussi au dénouement de certaines tragédies; alors on les appelait vulgairement *machines*; et par leur moyen on imitait le tonnerre, les éclairs, les réponses des oracles, les vols, les enlèvements et les apparitions d'une divinité...

Les Anciens, dit l'étranger, faisaient toujours concourir la divinité à toutes les entreprises et travaux des hommes. On ne croyait pas pouvoir sortir de quelques pas difficiles ou périlleux, prononcer des maximes de vertu, concilier les familles agitées par des querelles domestiques, pacifier les villes et les nations sans faire intervenir une Déesse ou un Dieu qui prenait parti pour la justice. Le théâtre, qui était une école populaire, transmettait les anciennes croyances : là on voyait la divinité s'associer à l'homme, être son directeur et son guide. Voilà dans quelles occasions les machines ou les pièces de *scénographie*, c'est-à-dire cet appareil qui en imposait aux regards, servaient à tromper le spectateur, et à faire naître la vénération et le respect. Tous les poètes comiques ou tragiques ont mis à profit le jeu de ces machines ; et je crois que ma mémoire pourrait vous en fournir des exemples et vous expliquer comment on en faisait usage.

La machine la plus ordinaire, la plus usuelle, poursuivit l'étranger, était celle qui servait à faire voler. On voyait l'air, le ciel, les nuages au travers desquels étaient enlevés les Dieux et les héros en présence de tout le peuple. C'est par ce moyen que l'*Aurore* transportait *Memnon* ;

que *Borée* enlevait *Orithyie*; d'autres machines pouvaient transformer des héros en divinité à vue d'œil. Ils quittaient leurs formes terrestres, leurs figures mortelles, comme dans l'Hercule sur le mont *Œta*, par *Sénèque*. Avec d'autres procédés on faisait résonner l'air du bruit du tonnerre : on se servait alors d'*outres* pleines de pierres ; on lançait en même temps des *foudres*, des *éclairs*, comme dans l'*Ajax Furieux* de *Sophocle*. C'était avec d'imposantes machines qu'on représentait, dans les airs, le supplice de *Titye*, de *Tantale*, de *Sisyphe* et d'*Ixion*. Les spectateurs n'avaient pas moins de plaisir à voir figurer sur la scène les ombres des morts ; la *barque de Caron*, et les portes de l'*Erèbe*; là on apercevait des Furies, là des Spectres voltigeaient ; les ombres de ceux qu'avait envahis la mort apparaissaient. *Thyeste*, dans l'*Agamemnon* de Sénèque, revient de l'Averne pour exciter son fils *Egiste* à le venger d'*Atrée* son frère.

Les Anciens établirent quelques coutumes, qui furent constamment observées dans le jeu des machines ; celles qui étaient à droite, servaient pour représenter tout ce qui était hors de la cité, et qui pouvait appartenir aux alliés, aux villes municipales, aux colonies, aux champs : c'était par ce côté que s'introduisaient les hérauts et les voyageurs. *Taltibius*, héraut des Grecs dans Euripide, est envoyé pour appeler *Hécube*, afin qu'elle ensevelisse *Polixène*, sa fille, sacrifiée à l'ombre d'*Achille*. Les machines, situées à gauche, servaient à faire connaître tout ce qui se passait dans la ville par ordre du magistrat, ou par les ambassadeurs du prince. Dans Euripide un envoyé apprend au public combien de fois *Oreste* avait été appelé dans l'assemblée du peuple; c'est de ce côté aussi qu'était la décoration d'un port, lieu de la scène dans quelques pièces, telles qu'*Amphitryon*, *Mostellaria*, le *Marchand* de Plaute et dans l'*Hecyra* de Térence. Les anciens tragiques introduisaient sur la scène, par le moyen de ces mêmes machines, des divinités des eaux, *Archeloüs*, *Protée*, *Thétis*, *Aréthuse*; d'autres machines, formées d'échafauds en bois soutenus en l'air, que Sénèque décrit sous le nom de *pegmata*, étaient l'indication du lieu de la scène dans une habitation secrète et privée. C'est dans *Œdipe* que Sophocle fait usage de cette décoration; Plaute s'en sert dans *Amphitryon* et dans la *Casina*.

L'apparition de ces divinités, qui venaient des demeures célestes donner des avis et dire des sentences, appaiser des contestations et prédire les événements, se faisait aussi par le moyen de ces machines ; c'était le *Deus in machinâ* (le Dieu dans la machine), dont les anciens auteurs tragiques ont si souvent fait usage. *Pallas*, dans l'Ajax Furieux de Sophocle, vient y donner de sages conseils à *Ulysse*. On ne voit pas cette déité, mais elle fait entendre sa voix d'en haut. Dans l'Oreste d'Euripide on entend la voix d'*Apollon*, qui, du haut de cette machine, appaise toutes les discordes pour opérer le dénoûment de la tragédie.

Et cependant, jusqu'ici, je ne vous ai offert qu'une idée de quelques fragments de différentes actions scéniques, qui s'opéraient au moyen des machines. Mais si vous vouliez savoir ce que c'était chez les Anciens qu'une pantomime, tout-à-fait disposée comme celles qui se représentent sur nos théâtres, il faudrait en lire la description dans *Apulée*. Il semble que ce soit l'un de nos ballets sérieux : on y trouve autant de mérite, autant d'intérêt.

Nous eûmes un plaisir incroyable à entendre de la bouche de l'étranger qu'elle était la variété des décorations qu'employaient les Anciens : les vols.... les apparitions des divinités, les grottes souterraines, les portes de l'Erèbe..... les montagnes..... les ports de mer...... Ne sont-ce pas là tous les objets de décors dont nous usons nous-mêmes ? Et qu'avons-nous de mieux aujourd'hui ?.... Mais la dame qui nous accompagnait, resta surtout dans l'admiration en entendant dire qu'outre les trois genres ordinaires de représentation, il y avait encore chez les Anciens le drame pantomimique. Peut-être, dit-elle, les Anciens avaient-ils de ces ballets expressifs, et formant un spectacle qui nous semble être une des plus belles inventions des temps modernes ? Ils savaient peut-être, avec le geste et avec différents mouvements du corps, exprimer les amours de *Didon*, la clémence de *Titus*, les fureurs d'*Hercule*, à la manière de *Lepique*, de *Gioja*, et de *Henri ?*... Ils faisaient bien plus, répliqua l'étranger ; ils avaient porté cet art à la plus haute perfection. Quels applaudissements ne méritèrent pas à Rome, du temps d'Auguste, les deux fameux pantomimes, *Pilade* et *Batille* ; le premier renommé pour les ballets tragiques, sérieux, nombreux en acteurs ; et l'autre pour les ballets comiques : *Batilica saltatio* : la représentation des ris, des jeux et des grotesques. Tel est le caractère qu'en donne Plutarque. L'antiquité entière nous a parlé de ce drame avec un enthousiasme égal ; et c'était un sujet de grande admiration ; c'est ainsi que nous l'apprécions nous-mêmes. Cet art ingénieux est décrit par deux vers de *Sidonius Appollinaris* :

> Clausis faucibus, eloquenti gestu,
> Nutu, crure, genu, manu, rotatu.

Cet art s'exerçait sans le secours de la parole par l'expression du geste, de la tête, des jambes, de la main et des pirouettes.

Mais *Nonnus-panopolitanus* dans différents endroits de ses *Dionysiaques* et particulièrement dans le XIXe Livre, en rapporte des choses bien plus curieuses encore que ce qu'en dit Sidonius, en parlant du pantomime *Miron*, qui en aurait pu remontrer aujourd'hui sur cet art aux meilleurs acteurs du même genre de nos théâtres.

Tout en tenant ces discours, et après avoir remarqué les *periacti*, c'est-à-dire le terrain qu'occupaient les machines à décoration, nous montâmes sur la scène, sur ce terre-plein avancé, d'où l'on entre sous les trois portes du frontispice. La porte du milieu, la plus noble et conséquemment la mieux décorée de marbres et de colonnes, s'appelait la porte royale : de cette porte sortaient les héros et les *protagonis-*

tes de la tragédie; la porte à droite était destinée aux acteurs qui représentaient les seconds rôles : les généraux d'armée, les hôtes, les vieillards et les matrones. C'était par la porte, située au côté gauche, que comparaissaient les esclaves, les affranchis, les pédagogues. *Pollux* nous fait connaître ces différentes destinations des entrées théâtrales.

Tout le diamètre, entre l'avant-scène et la scène, était fermé par une toile, qu'on appelait *aulæum* ou *siparium*. Elle était destinée à cacher aux spectateurs les changements de décoration par le jeu des machines, qui s'exécutait dans les entr'actes. Les fouilles des théâtres de Pompéi, ont appris que cette toile ne s'enlevait pas chez les Anciens par le moyen d'une corde à poulie, comme nous en usons sur nos théâtres; ils l'attachaient à deux larges poutres, et au moyen de cabestans, ils la précipitaient au-dessous du théâtre, ou l'enlevaient pour le cacher. Le chevalier nous en fit remarquer les traces, et nous dit qu'en trouvant ces poutres consumées, on avait pu néanmoins en copier l'ensemble.

De dessus le théâtre, nous passâmes à l'arrière-scène, qui était le lieu de réunion et de préparation pour les acteurs. Là règne une longue chambre, qui paraît n'avoir jamais été couverte. Au moyen de ce que les Anciens représentaient, pendant la durée du jour tous leurs jeux scéniques, il n'est pas étonnant que leur théâtre, et jusqu'au foyer des acteurs, fussent découverts, afin de ne rien perdre de la clarté du jour. C'est une chose singulière que de voir écrit sur la muraille, en face de cette longue chambre, et de pouvoir y lire le nom d'un acteur, ou plutôt du *théatropole*, pent-être d'un auteur, en caractères rouges de la longueur du doigt, renfermé dans l'inscription suivante.

SATRIO LVCRETIO VALENTI
MVNIFICO SIBI LIBERIS
FELICITER PRO VALENTE
PRO ROG. ...

A Satrius Lucretius Valens et à ses enfants, témoignage de reconnaissance.

Forum marchand, ou place de la foire de Pompéi.

Les deux théâtres sont contigus, ils se communiquent par un superbe et magnifique portique, que, jusqu'à présent, on a pris pour une caserne propre à loger des soldats. Des liens en fer, auxquels étaient attachés les ossements des pieds de différents squelettes, et en outre quelques pièces d'armures et de cimiers qu'on a trouvés dans deux chambres voisines, ont donné lieu à cette opinion (1). Les recherches que nous avons faites sur chacune des parties de ce grand édifice, nous ont convaincu que c'était le forum ou le lieu du marché de Pompéi (2).

---

(1) Dans une des chambres du Musée de *Portici*, on peut voir cette espèce de lien de fer pour contenir les prisonniers ; c'est une longue et double bande de fer, qui a, de distance en distance, vingt pointes avec autant de trous; on présente le pied du coupable pour l'enfermer dans l'intervalle d'une pointe à l'autre et ensuite un morceau de fer rond est passé transversalement par les trous, et l'extrémité en est fermée avec une clef.

(2) Les Anciens l'appelaient *forum nundinarium* pour le distinguer du *forum civile*, parce que dans ce lieu le jour des

Après avoir parcouru l'emplacement d'un bout à l'autre, encore divisés sur son origine, nous nous assîmes sur certains siéges qu'occupait, dans ce lieu, un poste de soldats vétérans préposés à sa garde; et ayant de là contemplé tout l'ordre des colonnes et l'étendue du carré, je commençai par établir ce raisonnement. Dans toutes nos recherches de l'antiquité, *Vitruve* doit être notre guide; nous devons nous appuyer sur son autorité, quand il s'agit de savoir le nom, l'usage et l'architecture des édifices des Anciens. Or, dans son Liv. V, il donne la description du *forum nundinarium*, ou place de foire; ce devait être un *parallélogramme*, ou carré long, avec un double portique spacieux, orné de colonnes épaisses et de corniches de pierres ou de marbres. Sur chacun de ses côtés, devaient être disposées un grand nombre de boutiques, ou étalages de prêteurs, ou banquiers, de marchands de comestibles, de bouchers, de liquoristes et autres en tout genre. A la hauteur où se termine la voûte, régnait un grand balcon

---

marchés, chaque neuvième jour, on y tenait des foires auxquelles concouraient les communes voisines. De cette espèce étaient les forum *Appii, Claudii*, etc. Dans Polletius, il est fait mention du *forum romain* : voyez Pitiscus, au mot *nundinœ*.

avec son parapet en forme de loge en bois, par le moyen duquel on pouvait faire le tour de l'édifice, et d'où l'on se dirigeait, par différents passages, dans les chambres hautes, ou *cœnacula*, correspondantes aux boutiques du rez-de-chaussée. Enfin Vitruve énumère quels différents *forum* devait avoir une grande ville, suivant les différents genres de marchandises qu'on y étalait. Ainsi à Rome, il y avait les *forum argentarium* (où se tenaient les argentiers); *boarium* (foire à bœufs); *olitorium* (le marché des jardiniers); *suarium* (celui des porcs); *pistorium* (celui des boulangers); et d'autres avec leurs noms particuliers. Et il remarque expressement que ces établissements à l'usage du public, sont placés près des théâtres, des basiliques, des tribunaux, de la caisse de la trésorerie et des prisons. Les négociants et toute la population même, dans un temps de pluie, se transportaient sous ces arcades. C'était un point très-important que la caisse de l'épargne fût placée dans le *forum*, comme dans un lieu où se passaient les contrats, où se trouvaient les tabellions et les notaires toujours prêts à vous offrir leurs services. Dans l'hôtel de l'épargne, non seulement on conservait le trésor, mais encore les actes publics, les décrets du sénat, les statuts municipaux et coloniaux, et tous les actes privés, au moyen desquels les citoyens contractaient. *César*, suivant le récit de Suétone, livra au feu tous les registres contenant le catalogue des obligations qu'il trouva dans l'hôtel de l'*épargne*, afin d'ôter par ce moyen aux créanciers toute faculté d'opprimer les pauvres débiteurs ; peut-être aussi pour attirer ces derniers dans son parti ? c'était la classe la plus nombreuse du peuple romain. Près de là, étaient placés l'hôtel de la monnaie, les greniers d'abondance, les fonderies et les arsenaux que Vitruve recommande d'établir dans une situation forte, avec un poste de soldats. D'après ces instructions que nous donne Vitruve, il ne nous sera pas difficile de définir à quel usage avait été construit ce grand portique de Pompéi, et de reconnaître le *forum* qu'il désigne... Cette citation achevée, nous nous levâmes et portâmes notre application à bien examiner chacune de ses parties.

Voilà une enceinte en forme de carré long, ayant cent pas, à peu près, sur soixante, dont le milieu forme une place étendue et spacieuse. Cette place est flanquée de chaque côté par vingt-deux colonnes d'ordre dorique, en partie rondes en partie cannelées, ayant dans chaque extrémité dix-sept colonnes, en y comprenant celles des angles. Ces colonnes sont de pierres volcaniques, recouvertes en stuc, avec un fond rouge ou jaune, comme toutes les autres colonnes de Pompéi. Un grand portique étendu sur les quatre côtés de la colonnade, abritait un grand nombre de chambres basses, destinées à faire des magasins et à placer les marchands. L'une de ces chambres nous parut avoir été employée à une manufacture de savon; une autre contenait un moulin à grain; une autre, une presse propre à faire couler l'huile (1). Du

---

(1) Une presse semblable fut découverte dans les fouilles faites à Stabie; le marquis de Grimaldi en donne la description dans un opuscule imprimé en 1783, in-4°. de 71 pages. Les académiciens d'Herculanum en parlent également dans la préface du volume consacré à traiter des *éclairages*. Ce volume est orné de dessins relatifs à chaque objet.... Voici la description de cette machine :

« La presse consiste dans un bassin circulaire en pierre, éga-
« lement creusé, de quatre palmes de diamètre environ; au
« milieu de ce bassin est établi un cylindre qui a un pivot droit
« dans son centre. Deux roues en forme de segments de
« sphère, avec un trou carré au centre ou l'on ajuste un levier,
« s'élèvent au-dessus. Pour presser, et obtenir l'huile, il ne fallait
« que mettre les olives dans le bassin et faire tourner les deux
« roues par le moyen du levier. » C'était là le *trapetum instructum*, la meule avec son appareil, formé de pierres ou de laves pompéiennes dont parlait Caton. On peut voir cette machine au Musée-Royal. Déjà dans le royaume de Naples quelques-unes sont établies sur ce modèle pour l'usage du public.

24.

côté du levant, nous comptâmes neuf chambres, non compris des emplacements larges et couverts, qui servaient probablement à placer les bêtes de trait ; il y en avait autant du côté opposé. Douze chambres au nord et douze au midi pouvaient se distinguer encore. C'est dans les dernières de ces chambres, dans celles qui formaient l'angle, que l'on a trouvé les fers et les ceps qui avaient été les instruments de torture des malheureux, dont les squelettes furent recueillis dans ce lieu. C'était là la prison dont parle Vitruve. La pluie de cendres du Vésuve enveloppa nécessairement ces détenus : des soldats qui étaient de garde près d'eux, ne purent non plus l'éviter. On trouva les armures et les cimiers de ces derniers. Sur l'un de ces cimiers *la prise de Troye* était ciselée ; et l'on déterra en outre, de ce corps-de-garde, une trompette en cuivre, qui se terminait par six flûtes en ivoire.

De cet ordre de chambres inférieures, on montait à l'étage supérieur. Suivant le plan de Vitruve, et par le moyen d'une tribune en bois en manière de balcon, on communiquait autour du portique avec tous les appartements qui y correspondaient.

On ne voit plus de l'édifice que nous venons

de décrire, que le *plein-pied*. Toutefois la colonnade se remarque encore, mais les portiques et l'étage supérieur sont renversés. Du seul côté du midi on distingue encore suffisamment de restes pour pouvoir être certain que cet étage existait, et pour en reconnaître le dessin et l'architecture. D'après ce point de comparaison, les chambres ont été refaites avec des fenêtres correspondantes sur la rue; et l'on a recomposé cette galerie en bois, qui servait de pallier, pour s'y introduire. De ce lieu élevé, on aperçoit toute l'étendue de la place, qui devait être fort belle, lorsqu'un peuple nombreux et les étalages de boutiques de tout genre la rendaient en même temps riche et animée.

Tandis que nous étions occupés de cet examen, le chevalier nous montra une des plus curieuses antiquités que renfermait Pompéi. Ce sont des inscriptions faites au taillant du ciseau sur l'enduit coloré de la neuvième colonne du côté du levant : *VIII Kal. Feb II. IIII. V. Tabulas positas in muscario CCC. VIIII. SS. CC. CC. XXX.*

Nous ne pûmes deviner quel était ce *muscarium*, dont les tables ou les écritures avaient été tirées. On voit ensuite un gladiateur, tracé avec un stylet, qui se bat, et près duquel il est écrit *X. X. Valerius*. Il y a encore d'autres inscriptions, sur le reste de la colonne, que nous négligeons de transcrire.

C'est ici le terme des monuments de Pompéi, découverts du côté de la mer ; car, immédiatement après eux, on tombe dans la route royale moderne, dont nous avons parlé au commencement de cet ouvrage, et que nous croyons être construite sur une partie du mur de l'enceinte de la ville.

Amphithéâtre.

Après avoir observé les deux théâtres et la place marchande, nous traversâmes la voie consulaire, en franchissant les trois pierres; et après une courte traversée dans la campagne du côté de l'orient, en passant près du *Cassino d'amore* (maison de l'amour), nous arrivâmes à l'amphithéâtre. Ce noble édifice avait été découvert depuis long-temps du faîte jusqu'au premier étage; et ensuite il avait été rechargé de décombres. Présentement il est entièrement nettoyé; et c'est le plus beau monument de Pompéi.

A peine y eûmes-nous porté le pied, en mesurant des yeux sa vaste circonférence, que l'étranger nous raconta la terrible mêlée qui eut lieu dans son enceinte du temps que *L. Fonteius* et *C. Vipstanus* étaient consuls à Rome, et dont parle *Tacite* dans le Liv. XIV de ses annales. « Livineius Regulus, pour faire quelque
» chose d'agréable au peuple, donna, dans cet
» amphithéâtre, un spectacle de gladiateurs,

» qui attira une grande foule des habitans de
» Nocere, colonie voisine. Tandis que l'on
» paraissait n'être occupé que du spectacle,
» une querelle, presque sans cause, prit nais-
» sance entre les deux peuples; et, passant des
» injures aux pierres et aux armes, la mêlée
» devint si affreuse, que plusieurs des habitans
» de Nocere perdirent la vie sur le champ de
» bataille : plusieurs furent écrasés, et une
» grande quantité demeura estropiée. Le sénat
» romain, informé de cet événement, exila
» *Livineius*, défendit qu'on donnât des spec-
» tacles pendant dix ans, et abolit les corpo-
» rations qui existaient à Pompéi ». Par ce fait,
ajouta l'étranger, non seulement nous sommes
informés de l'existence de cet amphithéâtre,
mais encore des accessoires, et loges secrètes, qui y étaient pratiquées, et dans lesquelles
peut-être la contestation sanglante avait pris
naissance....

Indépendámment du récit de Tacite, reprit
le chevalier, on ne pouvait pas douter de
l'existence d'un amphithéâtre à Pompéi, depuis
que, dans les affiches, on a eu occasion de lire
l'annonce des combats de *Gladiateurs et de la
Chasse*. Ces spectacles atroces ne se donnaient
que dans les amphithéâtres...

Si, dans quantité de coutumes, dit la dame, j'ai eu lieu d'admirer les Anciens, je ne puis m'empêcher de les blâmer à l'occasion de celle-ci... Combien était grande leur cruauté d'aimer à voir deux infortunés se battre, se déchirer, se tuer ? Ils repaissaient leurs yeux du sang qu'ils répandaient, et faisaient leur récréation de la mort... Sur ce point, la dépravation, répliqua le chevalier, fut portée à un tel excès chez les Anciens, qu'il y avait des peines établies contre un gladiateur qui n'aurait pas couru avec prestesse sur le fer de son adversaire, ou qui aurait témoigné quelque regret de perdre la vie. *Sénèque* rapporte, dans sa VII Epître, quels cris inhumains partaient du milieu du peuple, s'adressant aux correcteurs, lorsque quelques gladiateurs montraient de la timidité : *Occide, ure, verbera. Quare tam timide incurrit in ferrum ? quare parum audacter occidit ? quare parum libenter moritur ?* « Faites-le
» mourir, brûler ; fouettez-le. Pourquoi s'a-
» vance-t-il avec timidité contre le fer qu'on
» lui présente ? pourquoi hésite-t-il à tuer son
» adversaire ? pourquoi ne meurt-il pas de bonne
» grâce?... » En somme, le peuple voulait voir mourir, mais mourir avec contentement, sans regret, avec le sourire sur les lèvres. Peut-on

rien imaginer de plus barbare, de plus atroce?... Eh bien, c'était cependant là le spectacle qui récréait davantage ces populations de l'Italie! C'était ce spectacle qu'on annonçait comme le plus grand divertissement du monde!.... Vous serez encore plus surprise, madame, si, en remontant à l'origine de l'établissement d'un tel spectacle, vous découvrez que ce sont les *Campaniens* qui en sont les auteurs : les Campaniens, nos compatriotes si renommés par leur mollesse et leur galanterie. C'est sur ce sol que se sont formées ces réunions de gladiateurs, que l'on désignait sous le nom de famille. C'est de leur sein que sortaient ces victimes infortunées, qui devaient servir de spectacle à tous les amphithéâtres... *Pompéi* avait son école de gladiateurs : nous avons vu sur les inscriptions qu'il était fait mention de la famille de gladiateurs de *Popidius Rufus*, de celle d'*Ampliatus*. Joignant l'orgueil à la faiblesse, ce peuple croyait se venger des *Samnites*, leurs implacables ennemis, en faisant comparaître, dans l'arène, des gladiateurs armés à la manière des Samnites, c'est-à-dire ayant un bouclier, qui paraissait d'or, portant des guêtres et ayant en tête un casque surmonté d'une aigrette. Ils se figuraient alors voir des Samnites, et ne les désignaient que sous ce nom (1). Leur férocité ne se borna pas seulement à placer cette récréation dans les amphithéâtres, comme faisaient les Romains; ils voulurent encore qu'un aussi *noble* divertissement eût lieu dans leurs maisons, et ils ne donnaient pas un repas solennel, sans que les verres et la table ne fussent arrosés du sang d'un, deux ou trois couples de gladiateurs qu'on faisait battre (2). *Silius* en parle comme d'une chose horrible.

Quin etiam, exhilarare viris convivia cœde,
Mos olim, et miscere epulis spectacula dira
Certantum ferro, et sœpe super ipsa cadentum
Pocula, respersis non parco sanguine mensis.

Bien plus, c'était une coutume antique d'égayer les festins par des scènes de carnage, et de mêler aux repas le tragique spectacle de gladiateurs, combattant à outrance, tombant quelques fois sur les tables et les coupes des convives, et les inondant de flots de sang.

---

(1) Campani ab superbiâ et odio Samnitium, gladiatores (quod spectaculum inter epulas erat), eo ornatu armarunt, Samnitium que nomine appellarunt. *Tit.-Liv.*, lib. IX, cap. 40.
Les Campaniens par orgueil et par haine des Samnites, revêtaient des armes et du nom de ce peuple, des gladiateurs qu'ils avaient coutume de faire combattre pendant leurs repas.
(2) Eo luxu provecti sunt Campani, ut convivas vocarent ad

La chasse, reprit le chevalier, qui se donnait aussi dans l'amphithéâtre, n'était pas un spectacle moins barbare ni moins atroce que celui-là. Dans les affiches trouvées à Pompéi, ce genre de spectacle paraît donné au peuple aussi fréquemment que le combat des gladiateurs. On faisait sortir en liberté de leurs *voûtes* ou *caves*, des bêtes féroces ; et on contraignait un infortuné à combattre contre un ou deux de ces animaux furieux... Pour donner l'aspect d'une campagne à l'arène, on avait soin d'y ficher des *arbustes* et des *plantes* de différentes espèces, qui figuraient un *bosquet*; ce qui faisait de l'amphithéâtre un site tout-à-fait ressemblant à celui d'une *chasse*. Là les bêtes féroces entre elles, ou les bêtes féroces contre les hommes se déchiraient, se mettaient en pièces, se tuaient ; plus la joute était ensanglantée, plus le peuple y prenait plaisir, redoublait d'applaudissements, battait des mains... La dame témoigna beaucoup de sensibilité à ces

---

paria gladiatoria, quorum numerum pro dignitate cujus que convivii augebant, minuebant ve. *Strabon*, lib. V.

Les Campaniens sont arrivés à ce point de luxe, qu'ils introduisent dans leurs salles de festins des couples de gladiateurs, dont le nombre augmente ou diminue suivant le rang ou la dignité des convives.

récits, plaignit le sort de ces victimes infortunées, traitées par les Campaniens civilisés, comme si elles n'étaient pas de l'espèce humaine; et ne pouvant plus soutenir ce récit, elle se répandit en observations sur le grandiose de l'édifice.

L'amphithéâtre présente la figure ordinaire d'une ellipse, ou de deux théâtres réunis avec leurs parallélogrammes. Il est appuyé d'un côté à la colline, sur laquelle s'étendaient les murailles d'enceinte de Pompéi; et de l'autre, il est terminé par des arcades et des pilastres de forte construction. On remarque autour de cette enceinte, des escaliers placés de distance en distance, pour monter à une grande terrasse, ou passage découvert, construit sur le tour extérieur de la seconde enceinte qu'occupent les spectateurs. De là on montait aux étages supérieurs, composés d'arcades en brique destinées aux femmes et au peuple.

On pénètre dans l'amphithéâtre par deux grandes entrées en forme de portique, outre quelques autres secrètes. La première, et la plus noble, regarde le nord; elle offre une descente dans l'arène par un chemin voûté et incliné; l'autre entrée, opposée à celle-ci, est transversale, et se termine après avoir fait un détour. De l'un et de l'autre côté de l'arcade, servant à la première entrée, l'inscription, que je rapporte, se trouvait placée; elle est à présent transportée au Musée-Royal : on y remarque que les Duumvirs, dont elle livre les noms à la postérité, sont les mêmes qui ont fait élever le théâtre couvert, et on y lit, comme une chose digne d'être notée, que ce sont eux qui ont affecté irrévocablement le fonds du terrain à ces spectacles; d'où il suit que, précédemment, il ne leur appartenait pas. Ce fut peut-être là l'objet de la contestation entre les colonies romaines et les habitans de Pompéi, dont nous parlerons plus tard.

C. QVINCTIVS C. F. VALGVS.
M. PORCIVS M. F. DVO. VIR.
QVINQ. COLONIAE HONORIS
CAVSSA SPECTACVLA DE SVA
PEC. FAC. COER ET COLONEIS
LOCVM IN PERPETVOM. DEDER.

Caïus Quinctius Valgus, fils de Caïus; Marcus Porcius, fils de Marcus, Duumvirs quinquennaux pour la splendeur de la colonie, lui ont procuré des spectacles à leurs propres frais, et ont donné à perpétuité, aux colons, un lieu destiné à cet usage.

En pénétrant par l'entrée qui est au nord, on foule l'antique terrain, pavé de pierres du Vésuve, et l'on voit sous la grande voûte différentes autres voûtes, de grandeur inférieure, qui paraissent avoir été placées là pour assurer sa durée; ou peut-être à cause de la secousse qu'avait occasionné le tremblement de terre. Dans l'un et l'autre des côtés, on remarque les traces d'un canal qui servait au transport des eaux. Deux grandes niches, placées à droite et à gauche de cette entrée, devaient avoir été ornées de statues élevées à deux citoyens recommandables de la ville, qualifiés de *Duumvirs pour rendre la justice*, suivant les inscriptions qu'on lit sur chacun des piédestaux. La première, à droite, devait être celle de *C. Cuspius Pansa* fils, avec le titre de pontife; et l'autre à gauche de *Cuspius Pansa* père, avec le titre de Quartuumvir quinquennal, et de préfet. La citation de la loi *Petronia* est comprise dans cette inscription; en voici la teneur :

C. CVSPIVS C. F. F. PENSA
PONTIF. D. VIR. I. D.

✽

C. CVSPIVS C. F. PANSA PATER. D. V. I. D.
IIII QVINQ. PRAEF. ID. EX. D. D.
LEGE PETRON. (1)

---

(1) Voilà une des inscriptions les plus rares de Pompéi ; elle

Caïus Cuspius Pansa, fils de Caïus, Pontife et Duumvir pour rendre la justice.

Caïus Cuspius Pansa père, fils de Caïus, Duumvir pour rendre la justice, Quartuumvir et préfet quinquennal, par décret des Décurions, pour l'observation de la loi Petronia.

Avant d'arriver à l'arène ou à la grande place

---

fait nombre parmi celles qui sont classées sous le nom de *légales*, parce qu'elles nous instruisent des lois de l'antiquité. Dans celle-ci, on cite la loi *petronia*, favorable à la malheureuse condition des esclaves, qui, par l'ordre de leurs maîtres barbares, étaient exposés à périr en combattant contre des bêtes féroces, dans les amphithéâtres. Cette loi pourvoyait 1°. à ce que dans le cas d'un jugement sur la manumission d'un esclave, le partage des voix fut interprété en sa faveur, et lui valut la liberté. En second lieu, à ce qu'il ne dépendit pas des maîtres barbares de destiner leurs esclaves au combat de gladiateurs avec les bêtes féroces, mais qu'ils ne fussent réservés à cette peine que quand un jugement les y aurait dévoués. Ottomano dit que les auteurs de cette loi, ou sénatus-consulte, sont les consuls *Caius Junius Cesonius Petus*, et *Petronius Turpilianus*, l'an 813 de Rome, qui correspond à la 61ème de l'ère chrétienne. *Onuphre Panvini*, au livre II de son commentaire sur les *Fastes Consulaires*, p. 203, rapporte une inscription avec le nom de ces consuls. Le chevalier *Noordkerk*, a parlé de cette loi qu'il place sous le règne d'Auguste, au lieu de la dater du temps de Néron. Sa citation sur la pierre à l'entrée de l'amphithéâtre de Pompéi, voulait exprimer que le Duumvir *Cuspius Pansa père*, en avait été un rigide observateur, alors qu'il présidait à Pompéi, aux combats des gladiateurs. Nous avions précédemment vu la maison de ce *Pansa*, dans une petite rue derrière la voie romaine qui traverse Pompéi.

du spectacle des combats, on peut entrer par le côté droit ou gauche sous un portique ou corridor souterrain, qui fait le tour de l'édifice au-delà de l'arène. Il est couvert d'une voûte d'une incroyable solidité, puisqu'elle porte sur elle le poids de tous les gradins. A présent cette voûte est étayée par des arceaux intérieurs, qui ont été placés comme à la grande voûte du portique d'entrée pour ajouter à sa solidité. Ce corridor souterrain est la partie la plus admirable de tout cet édifice, parce qu'il est sans dégradation, et l'unique ainsi conservé : il est admirable encore aux yeux des amateurs de l'architecture, par sa forme et sa symétrie. Il a été construit expressément pour servir de passage, afin de parvenir aux gradins qu'il supporte, c'est-à-dire à la première et à la seconde enceinte de l'amphithéâtre où se plaçaient les magistrats et les citoyens distingués.

Dans les autres amphithéâtres, c'était au moyen de deux ou de trois portiques, placés les uns sur les autres, ou avec des soutiens composés de pilastres ou de colonnes, qu'on pratiquait les passages pour aller dans les enceintes où sont les gradins : ici un seul portique a été construit de manière à suffir à toutes ces communications. De distance en distance nous observions les grandes ouvertures, en forme d'arcade, avec les escaliers qui conduisaient assez commodément aux places que devaient occuper les spectateurs. Les arcades sont construites en pierres de taille, d'une manière élégante ; les ouvertures servent, outre la communication, à introduire assez de lumière dans ce corridor souterrain, pour en chasser les épaisses ténèbres. Il est tout décombré. Par suite de la vigilance qu'a apporté le gouvernement à ce travail, on peut le parcourir à présent avec facilité dans tout son développement en forme elliptique autour de l'arène. En faisant, dans son enceinte, le tour qu'il décrit, nous remarquâmes quantité d'inscriptions obligeantes, tracées sur son mur intérieur avec la couleur rouge ordinaire, ou avec de l'encre.

Pour observer d'un coup-d'œil tout l'intérieur de cet amphithéâtre, il faut entrer par un côté du portique, et en sortir en montant par une de ses ouvertures, ou vomitoires, aux enceintes supérieures. Arrivé là, on s'assied, on le contemple. C'est ce que nous fîmes, lorsque nous fûmes montés, par un de ces passages, à la seconde travée des gradins, et assis en perspective de cette grande enceinte, pour en bien juger l'étendue. On peut encore y arriver en y descendant des loges supérieures, où l'on monte par ces escaliers qui prennent naissance au dehors, au niveau de l'amphithéâtre. Il n'y a que l'un ou l'autre de ces moyens pour parvenir aux gradins, parce que les deux grandes portes conduisent seulement aux corridors dont nous avons parlé, et de là dans l'arène qui est au milieu de tout l'édifice. On ne peut, de l'arène, monter dans les enceintes, destinées aux spectateurs, à cause d'un mur à parapet qui sert de rempart et de séparation entre les gradins inférieurs et l'arène. Ce mur a été édifié pour la sûreté des spectateurs, pour les préserver des bêtes furieuses qu'on excite, et qui auraient pu, en grimpant dans l'amphithéâtre, porter la terreur et la mort.

Je dois dire aussi que sur les bords du parapet de ce mur, qui n'était pas très-élevé, on voit les trous où étaient fichés autrefois les barreaux de fer qui ajoutaient à son élévation, et à la sûreté des spectateurs, sans gêner leur vue. Ces grillages furent appelés, par *Pline*, du nom de *retz*, à cause de la forme de leur construction. Cet auteur, en parlant du luxe de Néron, à l'occasion d'un combat de gladiateurs (Lib. XXXVII, cap. 3) dit : *Tanta copia succini invecta, ut retia arcendis feris podium prote-*

gentia succino nodarentur. « L'ambre était
» prodigué au point que les barreaux élevés, qui
» protégeaient la loge de l'Empereur contre ces
» bêtes féroces, étaient soudés avec cette résine
» précieuse. » *Calpurnius* nous apprend cette
même particularité. Par suite de précaution,
d'autres grillages, ou portes en fer, devaient
fermer les deux grandes entrées de l'arène.

Les plombs que l'on trouve encore dans les
contre-murs, après lesquels les portes avaient
été attachées, justifient bien cette présomption.

Des peintures à fresque, formant tableau, et
qui décoraient la partie supérieure du parapet,
nous apprennent quels étaient les chasses, les
joutes, les combats de gladiateurs que l'on
exécutait dans cette arène. On y voit un cheval
et un lion qui se combattent; au fond du tableau est une belle perspective de campagne :
un tigre qui se lance sur un sanglier; un timide
cerf poursuivi par une lionne; et enfin un taureau excité, combattant contre un ours. D'autres
tableaux n'offraient à la vue que des *Hermès*
avec de larges boucliers; des candélabres, composés de trois tiges entremêlées, étaient représentés dans quelques-uns. Mais de tous ces
tableaux, celui qui parlait le plus à l'imagina-

tion, représentait une espèce de jugement. On voyait un maître de gladiateurs (*lanista*) assis au milieu d'eux, et qui, une verge à la main, semblait décider de quel côté était l'avantage ; tandis que, dans d'autres parties du même tableau, on voyait arriver des Génies aîlés avec une couronne à la main, et des joueurs de flûte, faisant résonner leurs instruments, comme pour rendre hommage au vainqueur. On doit remarquer dans ce tableau une espèce de cor à deux grands tuyaux tournés en cercles, soutenu sur les épaules de celui qui l'embouche par le moyen d'une lance en bois. On sait, qu'indépendamment des esclaves et des prisonniers qu'on exposait dans l'arène, des personnes libres, des *chevaliers*, et jusqu'à des *sénateurs*, qu'on appelait *auctorati*, soit pour faire montre de leur courage, soit pour concourir à un prix qu'on appelait *auctoramentum*, ne dédaignaient pas d'y descendre. Beaucoup d'auteurs anciens en ont parlé. Toutes ces peintures à fresque, qui décoraient le mur servant de rempart au public et la loge de l'Empereur, n'existent plus aujourd'hui. Elles se sont effacées au premier contact de l'air et de l'humidité. Il n'en reste plus que quelques traces ; et l'on doit des remercîments au chevalier *Arditi*, directeur général des fouilles, qui, par le pinceau de *Morelli*, nous en a conservé les formes et jusqu'aux couleurs en en faisant tirer promptement une copie.

Ce qui est le plus remarquable sur ce mur de séparation, est l'inscription gravée sur la pierre par décret des Décurions, et qui orne les bords de sa partie gauche, pour éterniser la mémoire des Duumvirs qui présidèrent aux chasses, aux combats des gladiateurs, et concourrurent à la restauration de l'amphithéâtre, en faisant refaire les travées et les passages dégradés.

MAG. PAG. AVG. F. S. PRO. LVD. EX D. D. (1)
T. ATVLLIVS. C. F. CELER II VIR PRO LVD
    LV. CVN. F. C. EX. D. D.
L. SAGINIVS II VIR I. D. PR. LV. LV EX D. D. CVN.
N. ISTACINIVS N. F. CIN. II VIR PRO LVD. LVM.
A. AVDIVS. A. F. RVFVS II VIR PRO LVD.
P. CAESETIVS SEX. F. CAPITO II VIR PRO LVD LVM.
M. CANTRIVS M. F. MARCELLVS II VIR PRO.
    LVD. LVM. CVN. COS. III F. C. EX D. D.

Noms des maîtres du faubourg Augustus

---

(1) Les Duumvirs qui présidaient aux jeux dans cet amphithéâtre, n'étaient certainement pas des habitants de Pompéi; « mais des maîtres (magistri) du bourg d'Augustus-Felix, placé » hors la ville; ils avaient été nommés par décret des Décurions.»

Félix, chargés, par décret des Décurions, de présider aux jeux.

Titus Atullius Celer, fils de Caïus, Duumvir préposé aux jeux, et Lucius Saginius, Duumvir pour rendre la justice, et préposé aux jeux, ont fait rétablir les ouvertures et les travées de l'amphithéâtre, par décret des Décurions; Numerius Istacinius Cin., fils de Numerius, Duumvir, préposé aux jeux, a concouru au rétablissement des ouvertures; Aulus Audius Rufus, fils d'Aulus; et Publius Cæsetius Capito, fils de Sextus, Duumvir, préposé aux jeux, ont concouru au rétablissement des ouvertures. Marcus Cantrius Marcellus, fils de Marcus, Duumvir, préposé aux jeux, a fait rétablir, par décret des Décurions, les ouvertures et les travées, lorsqu'il était consul pour la troisième fois.

C'est ainsi que l'on doit lire les abréviations *mag. pag. aug. f. s. pro. lud. ex. d. d.* Ces maîtres du bourg appartenaient à la colonie romaine; cette qualité était propre à *Arrius Diomedès*, à *Norbanus Sorex*, à *Munatius Faustus*, à *Nistacidius Helenus*, et d'autres dont nous avons parlé : dans l'inscription que nous venons de transcrire, il est fait mention de six de ces maîtres; mais si on se demande pourquoi ces maîtres ou colons du bourg présidaient aux jeux et non pas des Pompéiens, la réponse sera facile à faire; outre l'occupation des places éminentes dans Pompéi, le texte des inscriptions contient les mots abrégés CVN. LVM. que nous lisons CVNEOS. LVMINA. l'Am

Les dimensions suivantes, font connaître, approximativement, l'étendue de ce noble édifice. Le diamètre le plus long de l'aire ou de

---

phithéâtre ayant été ruiné par le tremblement de terre, les *magistri* du faubourg Augustus, comme les plus riches, concoururent à sa restauration, et firent refaire les coins (espaces occupés par les gradins entre les passages), et les ouvertures (*lumina*), c'est-à-dire les portes, les arcades, les corridors et tous les passages quelconques. Notre interprétation à l'égard des *coins*, ne souffre pas de réplique, et si quelqu'un élevait des doutes sur ce que nous disons des ouvertures qu'il se rappelle de cette autre inscription trouvée à Pompéi, dans le temple de *Vénus*, où le mot *lumen* est également employé dans ce sens *jus luminum obstruendorum*, qui sans contredit s'explique par le droit de fermer les fenêtres des autres. Dans la belle inscription trouvée à Pouzzolles, (autrefois Puteoli), dans le temple de Sérapis, et que rapporte *Capaccio*, ne lit-on pas les ordres que le sénat de Puteoli donnait à son architecte sur la manière de réparer le temple? On lit *medio ostiei lumen aperito latum P. VI altum P. VI.* Voilà bien l'indication d'une fenêtre haute de six pieds, et large d'autant.

L'état de fraîcheur que présente à cette heure encore l'amphithéâtre de Pompéi, dans plusieurs de ses parties, et principalement dans les gradins, nous en fait bien connaître la restauration.

Elle était l'ouvrage de ces maîtres du bourg, comme l'inscription le témoigne : elle consistait dans des gradins en pierres neuves, des arceaux sous la grande arcade d'entrée, des voûtes dans toute la partie la plus élevée. Les matériaux en sont encore très-frais. Enfin on remarque qu'il y eut à cette époque différentes reprises faites à l'ensemble des murailles, des réparations dans le long corridor inférieur, et des pierres de tailles placées aux vomitoires. C'est à cause de cet éminent service rendu à l'amphithéâtre, que ces *magistri* eurent le droit de présider aux jeux, et de faire graver leurs noms sur ces murs.

l'arène, est de 253 palmes du septentrion au midi, c'est-à-dire de l'une à l'autre des deux grandes entrées. Sa largeur la plus restreinte, qui est d'orient en occident, ne comporte que 133 palmes. Le diamètre, pris des loges supérieures, offre une distance de 515 palmes pour la longueur, et de 395 pour la largeur. La première enceinte des gradins, qui prend naissance à la balustrade, non seulement est séparée de la seconde par un mur en pierres du Vésuve, mais est encore traversée par différents murs, qui établissent des distinctions dans l'enceinte elle-même. Elle contient, en conséquence, quatre compartiments : deux vers les deux passages de cinq rangs de gradins; deux dans le pourtour de quatre rangs, mais qui sont bien plus larges; chacun a sa porte séparée. De cette enceinte, on passe à la seconde travée qui avait trente gradins. L'édifice enfin se couronne par un entourage de loges d'un bel effet, que l'on appelait la *summa cavea* (galerie supérieure), et que Calpurnius appelait *cathedra* (chaire à enseigner), parce qu'elle était couverte, et qu'elle avait, sur l'un de ses bords extérieurs, cette galerie visible, dont nous avons parlé. Il n'y a aucun voyageur présentement qui ne vienne admirer cet édifice si bien conservé; qui ne prenne plaisir à en faire le tour, à se promener sur sa terrasse, d'où l'on discerne bien tout son pourtour, son arène et son amphithéâtre. Dans sa corniche on voit encore quelques pierres avancées et forées, qui servaient à fixer les perches et à supporter les longues cordes, au moyen desquelles on étendait les voiles pour défendre les spectateurs de la pluie et du soleil.

L'étranger, après avoir réfléchi sur la grandeur de la distance, qui est de 515 palmes dans la longueur, et de 395 dans la largeur, s'étonna que l'on ait pu couvrir cet espace aérien avec des voiles étendues. Il fit ensuite une comparaison entre cet amphithéâtre et celui de Rome, appelé *Flavien* ou *Colisée*, dont l'arène a la dimension de 420 palmes en longueur, et de 268 en largeur. C'était le plus vaste amphithéâtre du monde. Il avait été érigé par *Vespasien*, après la guerre judaïque. Il y employa dix millions d'écus, et douze mille Juifs. C'est à la vue et sur le dessin de cet amphithéâtre, que *Juste Lipse* composa son excellent traité *de Amphitheatris*. Or, l'arène de l'amphithéâtre de Pompéi, avait 253 palmes en longueur, et 133 en largeur; d'où il résulte, suivant ce qu'en conclut cet auteur, que cet amphithéâtre était plus petit, que celui de Rome, de 167 palmes en longueur, et de 135 en largeur. mais cet auteur n'a pas réfléchi que le palme romain est plus court de trois pouces que celui de Campanie; d'où nous avons pensé que son calcul reposait sur une base inexacte et fausse.

En faisant le tour de l'arène, une autre observation vint à notre esprit: Outre les deux grandes portes qui y aboutissent, nous en remarquâmes une troisième du côté du couchant, dans la circonférence intérieure de l'arène. Elle est très-petite, et pratiquée dans le parapet conduisant à une sortie secrète hors de l'amphithéâtre; elle donne même aussi dans une petite chambre ronde, située à droite. On ne peut pas présumer que cette issue ait été placée dans ce lieu pour introduire les bêtes féroces dans l'arène, parce qu'on ne voit de ce côté aucune apparence de caves ou de serres. Nous pensâmes donc que cette porte était celle, dite *libitinensis*, désignée, par les Anciens, comme nécessaire dans les amphithéâtres. Elle était ainsi appelée, parce que c'est par cette issue qu'on faisait passer les cadavres des gladiateurs morts, qu'on tirait avec un crochet jusqu'au *spoliarium*, c'est-à-dire au lieu où on les dépouillait. Dans la vie de Commode par

Lampridius, nous lisons : *Gladiatoris cadaver unco trahatur, et in spoliario ponatur :* « Le » cadavre du gladiateur était retiré de l'arène » au moyen d'un crochet, et placé dans le » *spoliarium.* » D'autres ont encore appelé cette porte *sandapilaria*, parce que c'était le passage de la bière ou de la civière sur laquelle le mort était étendu. La dame fit aussi la remarque de l'existence d'un *écho* très-sonore, que l'on pouvait provoquer du milieu de l'arène.

Après toutes ces observations, nous ne pouvions encore nous détacher de cet amphithéâtre, ravis de le voir si bien conservé ; de cet amphithéâtre le plus intact de tous ceux qui, jusqu'ici, ont été découverts ; de manière que si les premiers gradins de la seconde travée n'avaient pas été enlevés dans le temps des fouilles les plus anciennes, certainement on pourrait aujourd'hui, comme autrefois, voir dans son enceinte une foule innombrable de spectateurs occupés à regarder les combats que les gladiateurs se livrent dans l'arène.

L'étranger aurait voulu y voir ces cavernes, ou voûtes souterraines, où les bêtes féroces étaient renfermées ; et il lui tardait de trouver ces réceptacles. Nous lui fîmes alors observer que, près de l'entrée du portique, dans l'un et l'autre passage, on voit les ouvertures de deux petites chambres noires à l'écart, qui ne peuvent pas avoir été destinées à autre chose, qu'à retenir les bêtes féroces enfermées au-delà des grilles en fer qui défendaient les entrées.

Fatigués, mais non pas rassasiés d'avoir vu, visité, contemplé cet amphithéâtre, nous en sortîmes enfin par sa porte septentrionale ; et, vis-à-vis de nous, une arcade en brique avec une décoration de colonnes ruinées, s'offrit à nos regards. A peine y eûmes nous mis le pied, que nous trouvâmes, à droite, une chambre à manger, et, du côté opposé, un long corridor. La dame savait bien que le *triclinium* servait pour donner le repas funèbre ; appelé *silicernium* ; et pensa, avec assez de fondement, que cette salle à manger pouvait bien avoir eu cette destination, pendant que l'on transportait, dans la sépulture, les cendres de ceux qu'on avait fait brûler. Elle se confirma dans cette opinion, en réfléchissant, qu'outre les gladiateurs tirés d'entre les captifs, *et male feriatorum servorum* (et les esclaves destinés à ces jeux cruels), comme dit Juste Lipse (c'est-à-dire de la plus basse classe), il y avait aussi des hommes remarquables, des esclaves de distinction, qui succombaient dans ces joutes, et pour lesquels on célébrait des pompes funèbres. Dans le long corridor un bûcher était peut-être disposé. En voyant le *triclinium*, nous nous rappelâmes celui que, dans le cimetière de Pompéi, nous avions vu destiné pour le même objet : l'un et l'autre étaient des établissements funèbres, qui avaient chacun une salle à manger commune.

Après avoir observé ce réfectoire, nous montâmes par un escalier extérieur de l'amphithéâtre, qui est situé près de sa grande porte, à la galerie qui peut servir de promenoir, et dont nous avons précédemment parlé, pour voir encore de ce point élevé le grand coup-d'œil que forme la circonférence intérieure de ce superbe édifice. De là nous observâmes aussi la grande muraille qui entoure la cité; les restes de ses tours et de ses portes. Alors l'étranger témoigna le désir de bien connaître l'étendue de ces murs, la largeur du périmètre de toute la cité, et le nombre de ses différentes portes. Le chevalier, avec sa complaisance ordinaire, fit, pour lui complaire, le dénombrement suivant de tous ces objets.

Périmètre (1) *de la cité de Pompéi.—Murailles publiques, et portes de la ville.*

Le plan de la ville de Pompéi nous représente une ellipse, dont le diamètre le plus allongé s'étend de la porte d'Herculanum à l'amphithéâtre; distance de 800 pas géométriques; et l'autre, de la porte de Nôle au forum marchand; distance d'environ quatre cents pas (2). Un attentif observateur seulement pourra reconnaître les anciennes traces de ses murailles dans ses parties occidentales et méridionales, situées sur le penchant de la colline. L'élévation de ces côtés de la ville ayant porté obstacle à ce que la pluie de cendre les couvrît entièrement, ils se sont ressentis davantage des ravages du temps et de la main rapace des hommes : voilà pourquoi les maisons, situées dans cet espace, ont été trouvées en ruine, et que la

---

(1) Contour, circonférence.
(2) Voyez le plan à la suite de cet ouvrage.

trace des murs qui environnaient la cité de ces cotés est presqu'invisible. La même chose est arrivée dans cette autre partie du midi, où est situé le *forum marchand*, à cause de l'unité parfaite du terrain, et parce que la grande route actuelle passe dessus le mur de circonvallation. Les sédiments marins que l'on a rencontrés dans toutes les fouilles de cette partie de Pompéi, nous ont fait connaître qu'avant l'éruption volcanique, la mer, distante à présent de trois milles, arrivait jusque dans la basse ville, et nous ont confirmé le témoignage de Strabon, qui désigne Pompéi comme un port de mer, une place marchande (*emporium*) et de commerce, où les habitans de *Nôle*, de *Nucérie* et d'*Acerra* venaient trafiquer.

L'autre partie de l'enceinte de la ville, couverte davantage des cendres du Vésuve, et qui s'étend du forum marchand, en passant par l'amphithéâtre, jusqu'à la porte d'Herculanum, a été découverte ensuite. On a toujours pensé que, de ce côté, les traces des murailles seraient plus visibles, et les portes de la ville encore intactes. Cette espérance n'a pas été trompée.

Dans l'année 1812 on a pu reconnaître toute la circonvallation de la ville, ruinée dans certaine partie, conservée dans d'autres, mais présentant des fortifications assez intéressantes par la solidité de leurs constructions et par des tours carrées, disposées d'espace en espace. Il a été reconnu que ces murs ne formaient aucunes saillies ou angles, et que les tours seulement dépassaient les remparts. Dans cet espace on a découvert quatre portes : l'une d'elles, qui conduisait du côté de *Nôle*, par un pavé très-bien conservé, était en quelque sorte intacte. A peine pouvait-on reconnaître les montants en grandes pierres carrées des trois autres portes, dont l'une était située entre l'amphithéâtre et la place marchande, elle portait le nom de porte de *Stabie* ; l'autre, entre l'amphithéâtre et la porte de Nôle, qu'on devait appeler la porte de *Sarno* ; et la troisième enfin, entre la porte de Nôle et celle d'Herculanum, qu'on nommait porte du *Vésuve*. En définitive, on a découvert tout le boulevard (*vallum*) avec son grand fossé, dont la profondeur est de vingt à trente pieds. On a trouvé le mur opposé qui servait de *parapet* et de *contrescarpe*. A présent il est loisible aux curieux de faire le tour entier des murailles de cette ville, d'en reconnaître toute la symétrie, et d'en faire un but de promenade comme les Pompéiens en usaient autrefois.

En entendant parler de cette intéressante

découverte, la dame et l'étranger témoignèrent le désir de la visiter. Nous quittâmes donc l'amphithéâtre, et dirigeâmes nos pas sur les bords de la colline, du côté du septentrion; nous ne tardâmes pas à voir les débris de la porte de *Sarno*, ainsi appelée par nous, parce qu'elle conduit à ce fleuve dont un grand canal introduit dans la ville une partie de ses eaux, non loin du lieu où cette porte est située. De là, après être montés sur des murs renversés et des débris de tours, nous arrivâmes à la porte *Isiaque* ou de *Nôle*. Nous fûmes émerveillés de voir ses montants intacts, composés de quartiers énormes de pierres volcaniques, avec une grande voûte qui les surmonte. Sa largeur cependant n'égale pas celle de nos portes ordinaires de ville, mais son élévation est bien plus grande et hors de toute comparaison. A ses épaulements nous trouvâmes dans les pierres les excavations propres à maintenir l'énorme porte de bois qui la fermait et dont nous pûmes voir les débris consumés par le feu, mais encore garnis de leurs ferrements que la rouille a rongés. Nous lûmes sur les murailles différentes inscriptions écrites en rouge, avec un pinceau, comme nous en avions vu dans toutes les rues de Pompéi : c'était *Casellium, C. Sallustium*, et d'autres noms. Ce qui distingue cette porte d'une manière singulière, c'est une grande tête de femme, sculptée sur une grande pierre, dans le pourtour de la voûte du côté de la ville. Une épaisse chevelure pend sur ses épaules; et à côté d'elle est une inscription en caractères osques, disposés de gauche à droite, gravés sur un quartier de marbre blanc. Cette inscription en caractères latins, offre les lettres suivantes :

C. POPIDIIS. C
MER. TVC. AAMANAPHPHED.
ISIDY PRVPHATTED.

C'est-à-dire *C. Popidius, C. filius Meddix Tuticus restituit et Isidi consecravit.*

« Caïus Popidius, fils de Caïus Meddix
» Tuticus, la rétablit et la consacra à Isis ».

C'est donc avec juste raison que l'on pouvait appeler cette porte du nom d'Isis, aussi bien que de celui de Nôle; car elle pouvait avoir été consacrée à la déesse *Isis.*

Après avoir observé cette porte, nous descendîmes dans les fossés de la ville par une pente très-rapide. Là, nous vîmes dans le pavé en pierres volcaniques les anciens sillons des chars qui les parcouraient. Nous remarquâmes ensuite que les anciennes murailles étaient en bon état en cet endroit. Sortis de ces fossés, nous visitâmes la rue nouvellement découverte, et qui n'est viable que pendant un court espace, aboutissant à la porte où nous étions. Toutes les maisons de cette rue sont en ruine. Nous y trouvâmes une fontaine de la même forme que celles que nous avons décrites, et chargée d'inscriptions rouges faites au pinceau, tant sur sa muraille que sur ses bords. Parmi tant d'autres, l'inscription suivante mérita notre attention. Elle est ainsi conçue :

MARCELLINVM AED. LIGNARJ (sic.)
ET PLOSTARJ (sic.) ROG. VT

Les charpentiers et les carossiers font des vœux pour Marcellus l'édile.

On voit paraître dans cette inscription l'J consonne, que l'on ne croyait avoir été introduit dans l'alphabet romain, que dans le temps de la décadence de la langue; et à présent il reste prouvé que les Anciens s'en servaient. On voit par cette inscription que les *charpentiers* et les *carossiers* formaient des corporations et des communautés qui font ici des vœux pour Marcellinus. Dans une autre inscription on voit le nom *Campanienses* au lieu de *Campani*.

PROCVLVM CAMPANIENSES
ROG. VT P.

Les Campaniens font des vœux pour Proculus.

Reprenant notre course, nous suivîmes les murs de la cité, qui nous parurent alors plus unis et en meilleur état; et spécialement une porte secrète (poterne) nous parut très-bien conservée. Les matériaux qui la composent sont de grandes masses de pierres carrées, jointes sans ciment; on voit dans quelques-unes des chiffres profondément gravés. De là nous arrivâmes près des débris d'une autre porte, à laquelle nous donnâmes le nom de porte du *Vésuve*, à cause qu'elle regarde cette montagne. Peu après, la muraille de la ville, endommagée seulement dans sa sommité, se découvrit à nos yeux presqu'intacte; et nous suivîmes son prolongement toujours aussi bien conservé jusqu'à la porte d'*Herculanum*, ainsi appelée, parce qu'elle conduisait à Herculanum. Nous montâmes alors sur le plan le plus élevé pour examiner avec attention et contempler toutes les parties de ces murailles.

L'enceinte de Pompéi est formée de deux

murs, composés de grands blocs de pierres volcaniques. L'un de ces murs ferme la ville; l'autre le fossé. Entre les deux est le grand terre-plein ou l'*agger* des Anciens, allant de l'une à l'autre muraille, et occupant un espace de la largeur de vingt pieds et plus. Cette manière de fortification des villes anciennes est décrite par Vitruve ; on n'en usait que dans les parties les plus exposées de la ville, et qui ne sont pas garanties par des vallées profondes, comme ici à l'orient vers la porte d'*Herculanum*. Dans les autres parties de la ville, défendues par sa situation sur la montagne, il n'y a qu'un mur simple, mais très-solide, avec des tours de distance en distance. On avait cru jusqu'à ce jour que la hauteur du mur du côté de la ville, ne passait pas celle du terre-plein, parce que dans les fouilles déjà anciennement faites près la porte d'Herculanum, on n'avait trouvé le mur qu'à cette hauteur; mais de nouvelles fouilles, exécutées pendant ces dernières années, ont fait connaître qu'à la hauteur du terre-plein commençait une continuité de chambres, couvertes en voûte, ayant une communication à leur intérieur. Voilà donc un ordre de corridors ou de casernes ou d'habitations aussi long que le terre-plein pouvait s'étendre. Un autre ordre de chambres semblables devait occuper aussi un étage supérieur, parce que les escaliers qui y conduisaient ne sont pas encore détruits; mais il ne reste qu'eux à l'appui de cette conjecture. A quelle hauteur pouvait donc s'élever ce mur de circonvallation? C'est ce qu'on ignore.

De distance en distance dans ces chambres et particulièrement dans les tours, on remarque des degrés étroits qui descendent sous le terre-plein, et conduisent par une petite porte au niveau du fossé. Un autre passage, par continuation du même escalier, conduisait à la cité. Il n'est pas présumable que ces petites portes et passages ayent été pratiqués dans de pareils lieux pour faciliter la circulation ordinaire des habitans de Pompéi, et abréger leur sortie par les grandes portes; il est bien plus naturel de penser que ces passages secrets étaient des *poternes*, par où l'on faisait sortir les soldats qui habitaient les casernes supérieures, quand il s'agissait de repousser les ennemis, ou de supporter quelqu'assaut. Nous circulâmes commodément par toute l'étendue de ces casernes en ruine, et nous descendîmes même par un de ces degrés (*cataractæ*) jusques dans le fossé. Là, nous eûmes lieu de faire de nouvelles observations sur la construction des murailles. Nous vîmes que, dans certaines parties, on avait mis, sans chaux ni ciment, de belles pierres de taille, bien jointes, de quatre à cinq pieds d'étendue : ouvrage solide et antique qui doit remonter jusqu'au temps des Etruques et des Osques. Dans d'autres parties ce n'est plus qu'une muraille ordinaire, composée de pierres petites et irrégulières, placées avec confusion. Nous pensâmes que c'étaient ici les réparations faites après l'assaut que *Sylla* donna à la ville à l'époque de la guerre sociale, ou après le funeste tremblement de terre de l'an 63, qui causa tant de désastres dans cette cité. L'étranger remarqua avec admiration quelques traits profondément gravés (on pouvait en voir encore dans la continuation du mur) sur ces grosses pierres de taille, du côté de la première poterne ; ils ont ou la figure d'un E, ayant une queue à la partie opposée, comme serait un trident, ou ce sont deux Z entrelacés, ou une ligne qui, dans ses deux extrémités, se termine en fourche, ou une H aspirée, ou un digamma F ou Ɏ renversé. Il pensa que ce pouvait bien être des caractères *osques* incrustés sur ces pierres par les appareilleurs, pour opérer plus facilement leurs réunions. Mais qu'était-il utile de graver ces marques si profondément, si elles ne devaient pas avoir un autre usage? Nous avions déjà vu des traits semblables gravés sur des pierres de taille, dans le temple de Vénus.

N'ayant plus rien de nouveau à examiner de dessus ces murs, nous en descendîmes par un escalier intérieur, et nous nous rendîmes à la porte voisine, dite d'*Herculanum*, porte par laquelle nous étions entrés dans la ville.

Origine et état politique de Pompéi.

Ayant repris de nouveau la belle rue qui traverse les sépultures, la dame s'arrêta quelques instants sur le banc couvert pour jouir encore de ce grand spectacle; puis prenant la parole :
« Est-il possible, dit-elle, qu'un peuple si célè-
» bre, dont nous avons admiré les arts, les
» coutumes et la civilisation, ait une origine
» tout-à-fait inconnue? Nous avons lieu de
» nous attrister de cette lacune dans l'histoire
» des nations; il me semble pourtant avoir lu
» dans différents auteurs qu'ils tiraient d'Her-
» cule l'étymologie d'*Herculanum*, et que celle
» de Pompéi provenait de la pompe des bœufs que
» ce demi-dieu montra au public après son retour
» glorieux d'Espagne... Peut-on écrire rien de
» plus ridicule?... Quelle pompe devait-ce être
» que celle du passage de ces bœufs dans une
» campagne désolée, couverte de laves du Vé-
» suve, et privée de ses habitans! Serait-ce que
« ces bœufs, confondus dans la tradition, vou-

» laient exprimer une armée de cent mille
» hommes qu'il y aurait passée en revue ? » Nos littérateurs, reprit le chevalier, en voulant faire parade de leurs connaissances des langues antiques, ont créé des étymologies bien moins probables encore. L'un la prend dans un nom phénicien, qui correspond à celui de *bouche de feu*, parce que la ville est construite près du cratère d'un volcan. Un autre la trouve dans le mot hébreu *Pompia*, qui signifierait *charbon éteint*; ce qui caractériserait tant de pierres ponces ou brûlées que l'on aperçoit dans son voisinage. Un autre fait dériver cette étymologie de βομβος mot grec, qui signifie mugissement, à cause des désastres que le Vésuve avait causés avant ceux arrivés pendant le règne de Titus... Ceux qui s'établirent les premiers dans l'antique Campanie, et qui furent les fondateurs de cette ville, étaient certainement pasteurs ou avanturiers; avec le temps leurs huttes devinrent des villes.... Ces gens grossiers avaient-ils donc des connaissances en histoire naturelle, pour savoir adapter au sol un nom correspondant au climat, aux productions de la terre, à la qualité aqueuse ou volcanique de la contrée ? Pourrons-nous croire qu'une horde de sauvages entende la chimie, la

lithologie, la minéralogie, et la métallurgie comme *Lavoisier*, *Buffon* ou *Chaptal?* Combien de littérateurs ont erré dans ces recherches étymologiques ! ...combien y errent encore !... Il est vrai que la vérité historique n'en est pas blessée, car personne n'ajoute foi à ces rêves. Je pourrais vous étaler un catalogue de telles étymologies qui, par leur ridicule, vous feraient pâmer de rire...

Si ensuite vous voulez savoir quels étaient en effet ces premiers habitans de la Campanie ; Strabon nous apprend que c'étaient des *Osques*, des *Opiciens*, des *Ausoniens*, et des *Pélasges*, peuples les plus antiques dont l'histoire nous ait transmis les noms... Mais après cela, voulez-vous pénétrer plus loin? demander quels étaient ces peuples? d'où ils venaient? vous ne trouverez plus que des systèmes et des contradictions dans les auteurs qui en parlent. Chacun d'eux tient à son opinion et s'efforce de persuader son lecteur. Ils vous raconteront qu'il y a eu autrefois un grand mouvement parmi les populations de la terre pour venir occuper ce petit point du globe. Les uns font émigrer des habitations qu'ils tenaient de leurs pères, des colonies de Phéniciens, emportant leurs dieux avec eux pour venir demeurer dans ces contrées, prenant le nom d'*Opiciens*, d'*Etrusques* et de *Pélasges*; d'autres, au lieu de Phéniciens, y font venir des *Ethiopiens* orientaux, des frontières de la *Lybie*; d'autres pensent que ce sont des *Lydiens*, des *Phrygiens*, des *Euboïens*, des *Celtes*... Je pourrais vous citer les noms de ces auteurs, mais je vous les épargne, parce que, si vous vouliez les consulter dans leurs recherches, ils vous entraineraient dans un labyrinthe inextricable d'étymologies, tirées du *Zend*, du *Pehlvi*, du *Malais*, du *Cophte*, de l'*Etiopien*, du *Grec*, du *Syrien*, et aussi du *Chinois*, dont il ne vous serait pas aisé de sortir... Mais au résumé, l'on a acquis assez de témoignages certains pour pouvoir affirmer que les Etrusques, quelle que soit leur origine, ont habité autrefois dans cette contrée. Une médaille étrusque, citée par Gory (1), et la table junonale, avec une inscription étrusque, qui fut traduite par M. *Passeri* (deux *monuments* curieux déterrés dans Herculanum); sont pour moi d'un plus grand poids que toutes les rêveries des auteurs et historiens dont je vous ai parlé. Jusqu'à cette découverte donc, l'histoire de Pompéi a été enveloppée de ténèbres

---

(1) Gory. *Dissertation sur l'alphabet Etrusque.*

et d'obscurité. Alors une lueur de vérité les a traversées en nous indiquant quelque chose sur sa constitution politique; savoir : qu'elle faisait partie, avec Herculanum, de la dynastie campanienne, et était au nombre des douze villes étrusques, dont *Capoue* était la capitale: qu'elle se gouvernait seule, excepté dans quelques circonstances graves où elle s'en référait à une assemblée générale, ou grand conseil, réuni à *Capoue*, capitale de tout l'état. Pompéi resta long-temps fédérée de la sorte avec les autres cités de la Campanie; mais elle fut enfin subjuguée par les Samnites, nation superbe qui osa disputer l'empire aux Romains, et qui faillit le leur enlever. Les inscriptions *samnitiques* que nous avons trouvées ici, outre l'autorité des historiens, font foi sur ce que j'avance.

Par suite de cette occupation des Samnites, les habitans de Pompéi et d'Herculanum entrèrent dans la grande conjuration contre Rome, que l'on nomma *guerre marsique* ou *sociale*, et l'on sait que ces grands ennemis des Romains, après avoir donné de hauts témoignages de leur valeur, furent définitivement obligés de se rendre à *Cornelius Sylla*. A la paix générale, on accorda à Pompéi et à Herculanum les mêmes conditions pacifiques dont jouirent les autres cités, c'est-à-dire que ces villes furent érigées en villes municipales, conservant une ombre de liberté, parce qu'on y vivait sous la protection de ses propres lois, et qu'on y avait une portion des privilèges accordés au citoyen romain. Mais le sanguinaire et vindicatif *Sylla*, devenu dictateur, se ressouvint de la résistance que l'une et l'autre de ces villes avaient apporté à ses conquêtes dans le temps de la guerre sociale et des secours (comme quelques auteurs le disent) que ces villes avaient donnés à *Marius*, son implacable ennemi. Il détruisit donc, à leur détriment, le pacte qui avait été juré à Rome, et envoya une colonie militaire sous la conduite de *Publius Sylla*, son neveu. Cette colonie romaine, arrivée à Pompéi, ne se contenta pas de posséder les meilleures terres qui lui furent assignées, et de jouir d'autres droits coloniaux, elle voulut exercer celui qu'on appelle *ambulationis*, et un autre encore nommé *suffragii*, c'est-à-dire qu'elle voulait avoir le droit de s'introduire, à sa volonté, dans le *stadium* (promenade de 125 pas), dans l'amphithéâtre, dans le gymnase et autres lieux publics, et de pouvoir prendre part aux assemblées de Pompéi, en donnant son suffrage aux élections. A l'occasion de ces deux droits que les habitans déviaient à la colonie militaire, il survint un différent sérieux entre les uns et les autres. On le qualifia de révolte publique : le protecteur *P. Sylla* fut accusé d'avoir pris part à cette rixe, de l'avoir fomentée en secret ; et cette accusation fut portée à Rome. *Cicéron* le défendit, et, avec ce caractère d'éloquence timide et flatteur qui caractérise son talent, et qui a déterminé toute sa vie, ce fameux orateur dépeignit ce neveu du plus grand monstre qu'ait porté la terre, comme l'homme le plus prudent, le plus modéré, le plus impartial. Il dit qu'il ne prenait aucune part à l'administration des choses civiles ; qu'il ignorait que la contestation fût prête à se développer ; que, d'ailleurs, l'un et l'autre parti le considérait comme son défenseur et son ami... Il est possible en effet, interrompit la dame, qu'un Romain, qui avait conduit à Pompéi une colonie comme moyen de châtiment, s'y soit comporté de manière à devenir le gardien et l'ami de ces malheureux habitans... Du moins *Cicéron* le fit croire et rendit un grand service à Sylla. Il faudrait lire ce discours. On y découvre que la colonie, étant privée d'une partie des droits attribués ordinairement à ces établissements, conservait au moins encore l'apparence d'un pouvoir municipal. Et de ce que les Romains, qui y furent envoyés, n'ont pu joüir, sans contestation, des droits de suffrage et de présence (*suffragium et deambulacrum*) dont les Colons véritables entraient de suite en possession, on en induisait que cette ville n'était pas une vraie colonie. Nous y trouvâmes cependant nombre d'inscriptions latines du temps d'*Auguste*, qui lui attribuaient les caractères d'une vraie colonie, avec l'indication de ses *patrons*. Au théâtre tragique nous avons eu occasion de remarquer que *Marcus Olconius Rufus* est désigné comme l'un d'eux. Il paraîtrait que, sous cet empereur il y eut quelque chose d'ajouté ou de retranché à sa constitution. Pompéi était alors une noble et remarquable ville par l'affluence des illustres Romains qui possédaient des maisons de campagne délicieuses sur toute l'étendue de sa côte. Celle de *Cicéron* sur son sol même; celles de *César* et de *Fabius* à Herculanum; de *Pollion Felix* à Sorrente : ses édifices étaient magnifiques; on y voyait des temples, des théâtres, un amphithéâtre, une basilique, des forum, des tribunaux, des palestres. Cette ville brillait aussi par la distinction de ses ordres politiques. Elle avait des Ediles, des Duumvirs, des Quartuumvirs, des Décurions, des protecteurs de la colonie, des privilégiers à deux siéges, des prêtres et des prêtresses, des flamines, prêtres d'Auguste, et des corporations. Sa position était des plus heureuses. Sur le bord de la mer elle recevait encore les eaux d'une rivière, et était traversée par une route consulaire, qui ajoutait aux facilités d'un florissant commerce. Doit-on s'étonner après cela si *Sénèque* et *Tacite* qualifiaient de *célèbre* cette ville et cité de la Campanie? Sous *Néron* elle portait également le nom de Colonie; c'est pourquoi cet empereur y établit *Valens* pour son flamine ou prêtre perpétuel. Elle était encore dans cette situation sous *Titus*, lorsque l'éruption du Vésuve lui enleva l'existence physique et politique.

FIN.

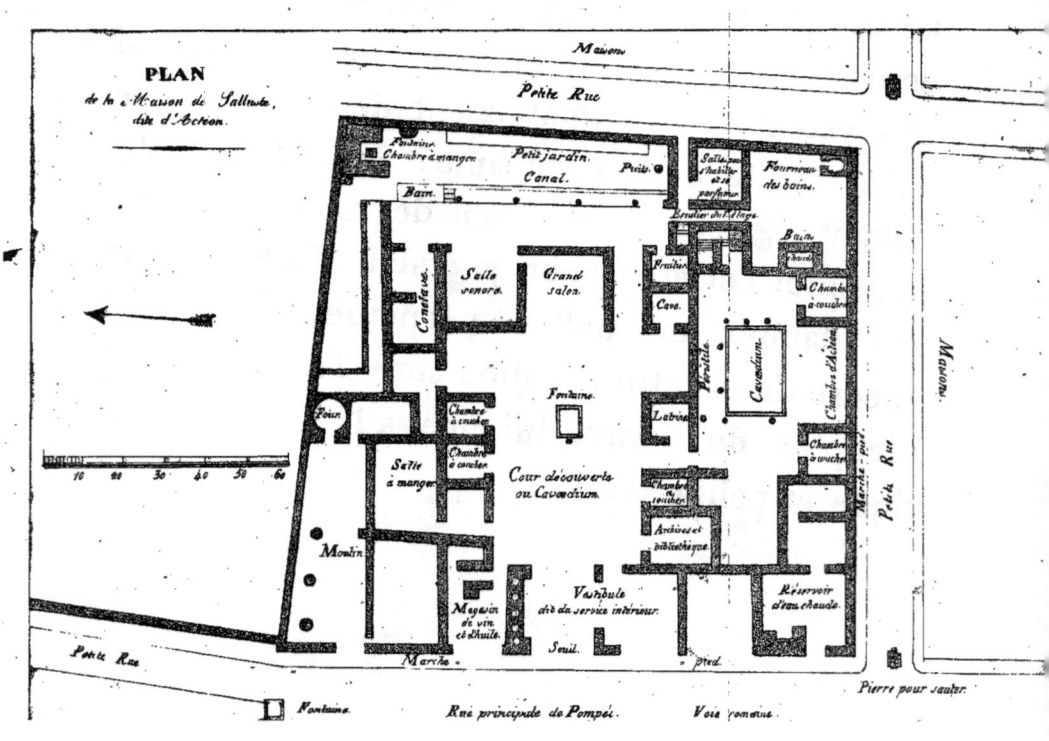

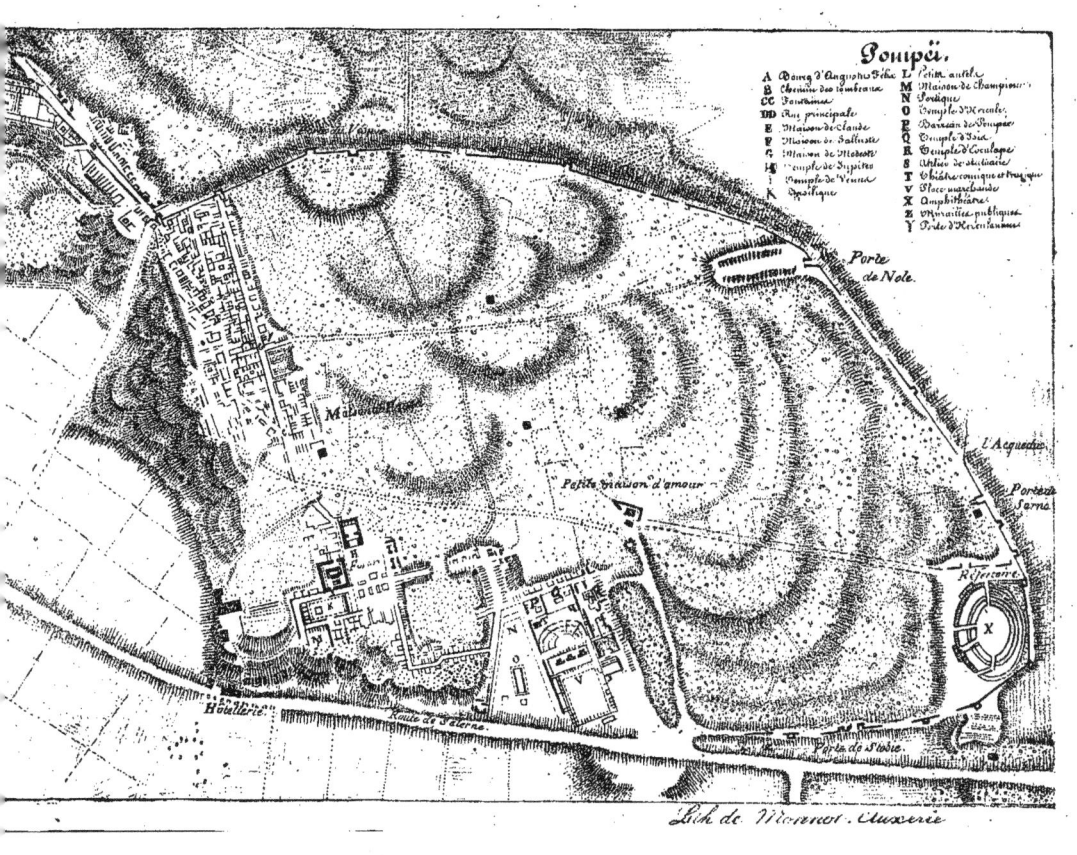

TABLE.

Avis de l'Éditeur italien.   Page i.
Notice préliminaire sur Pompéi.   1.
De Naples à la Tour de l'Annonciation.   17.
De la Tour de l'Annonciation à Pompéi, bourg d'Augustus-Felix.   28.
Maison de campagne de l'affranchi M. Arrius Diomedes, dans le bourg d'Augustus-Felix.   30.
Tombeaux de Pompéi.   43.
Chemin consulaire de Pompéi, et état de sa construction.   82.
Porte de Pompéi.   87.
Dénombrement des maisons, annonces et affiches publiques.
Corso, principale rue de Pompéi.   108.
Reflexions sur les maisons de Pompéi, et sur les objets qui y ont été trouvés.   148.
Temples, forum civil, et basilique de Pompéi.   169.
Maison découverte par Championnet.   191.
Continuation de l'exploration de plusieurs maisons ruinées, sur les côtés de la grande rue de Pompéi.   193.
Restes d'un temple grec, cimetière et puits.   202.
Maison à trois étages, découverte pendant le séjour qu'a fait à Naples l'Empereur Joseph II.   211.
Entrée principale du Théâtre tragique.   213.
La crypte ou réservoir d'eau.   215.
Tribunal de Pompéi.   217.

TABLE.

Temple d'Isis.	219.
Temple d'Esculape.	232.
Atelier du Statuaire.	234.
Théâtre comique de Pompéi.	237.
Théâtre tragique de Pompéi.	252.
Forum marchand, ou place de la foire de Pompéi.	273.
Amphithéâtre.	281.
Perimètre, (contour, circonférence,) de la cité de Pompéi. Murailles publiques et Portes de la ville.	305.
Origine et Etat politique de Pompéi.	316.

FIN DE LA TABLE.

Erratum.

La manière dont M. l'abbé Romanelli a italianisé tous les noms propres latins qu'il cite dans son *Voyage à Pompéi*, a fait commettre dans la copie une faute commune à quelques uns de ces noms. Il n'est pas de lecteur familiarisé avec la langue latine qui ne rectifie, en les lisant, les mots suivants :

Ottavius, pour *Octavius*.
taverna, pour *taberna*.
lettisternium, pour *lectisternium*.
purpurissimum, pour *purpurissum*.
untorium, pour *unctorium*.
lenaria, pour *lanaria*.
Marziano, pour *Martianus*.
Missene, pour *Misene*.
valente, pour *valens*.
Fleurus, pour *Florus*.
pagamus, pour *paganus*.
ipetre, pour *hypætron*.
emicicle, pour *hemicycle*.
pterypteron, pour *peripteron*.

www.ingramcontent.com/pod-product-compliance
Lightning Source LLC
Chambersburg PA
CBHW070904170426
43202CB00012B/2193